Este livro pertence a:

______________________________________,

Profissional de Marketing Multinível

COMO SE TORNAR UM PROFISSIONAL DE MARKETING MULTINÍVEL

Método Sem Limites

RAINMAKERS ACADEMY

COMO SE TORNAR UM PROFISSIONAL DE MARKETING MULTINÍVEL

Método Sem Limites

RAINMAKERS ACADEMY

Luiz Francisco
Gildevan Ribeiro
Abdias Andrade

8 Como adotar os **HÁBITOS DE SUCESSO** em sua vida profissional

novo século®

São Paulo, 2018

Como se tornar um profissional de marketing multinível

COORDENAÇÃO EDITORIAL
Vitor Donofrio

EDITORIAL
João Paulo Putini
Nair Ferraz
Rebeca Lacerda

GERENTE DE AQUISIÇÕES
Renata de Mello do Vale

ASSISTENTE DE AQUISIÇÕES
Talita Wakasugui

PREPARAÇÃO DE TEXTO
Renata de Mello do Vale

DIAGRAMAÇÃO E CAPA
Vitor Donofrio

REVISÃO
Alessandra Miranda

Texto de acordo com as normas do Novo Acordo Ortográfico da Língua Portuguesa (1990), em vigor desde 1º de janeiro de 2009.

Dados Internacionais de Catalogação na Publicação (CIP)
(Câmara Brasileira do Livro, SP, Brasil)

Francisco, Luiz
Como se tornar um profissional de marketing multinível:
Método Sem Limites: Rainmakers Academy: Como adotar os 8 hábitos de sucesso em sua vida profissional
Luiz Francisco, Gildevan Ribeiro, Abdias Andrade.
São Paulo: Novo Século, 2018.

1. Sucesso 2. Sucesso nos negócios 3. Empreendedorismo 4. Liderança 5. Vendas I. Título II. Ribeiro, Gildevan III. Andrade, Abdias

17-1962 CDD-650.1

Índices para catálogo sistemático:
1. Sucesso nos negócios 650.1

NOVO SÉCULO EDITORA LTDA.
Alameda Araguaia, 2190 – Bloco A – 11º andar – Conjunto 1111
CEP 06455-000 – Alphaville Industrial, Barueri – SP – Brasil
Tel.: (11) 3699-7107 | Fax: (11) 3699-7323
www.gruponovoseculo.com.br | atendimento@novoseculo.com.br

Os Rainmakers – do inglês "fazedores de chuva" – são profissionais que conquistaram o sucesso na indústria do Marketing Multinível (MMN) e nas vendas diretas ao utilizar métodos de alavancagem não só nas vendas de produtos, mas também em sua rotina diária.

Luiz Francisco veio de uma família tradicional, nasceu rico, porém sofreu com a falência dos negócios do pai. Após entrar para a indústria do MMN, ainda jovem, tornou-se milionário, teve sua própria empresa no ramo e hoje trabalha na construção de um legado.

Gildevan Ribeiro nasceu no sertão nordestino, mudou-se para São Paulo fugindo da seca e se tornou empresário aos 21 anos, mas nunca conseguira obter sucesso nos negócios. Aos 33 anos, quebrou pela terceira vez e, cansado do mercado tradicional, resolveu entrar para a indústria do MMN. Fez o seu primeiro milhão aos 35 anos e não parou mais, dedicando-se à construção de um legado.

Abdias Andrade, um garoto de família humilde e morador de uma das áreas mais pobres de São Paulo, trabalhava como cobrador de lotação quando, aos dezoito anos, entrou para o MMN. Conheceu o sucesso no mundo da alavancagem aos 28 anos, morou no exterior, construiu redes em vários países, viajou o mundo e atualmente também se dedica à construção de um legado.

Os Rainmakers abriram mão de fazer suas próprias redes no MMN e empregaram todo o seu conhecimento na construção de um método chamado Sem Limites, que proporciona a oportunidade de fazer sucesso em qualquer empresa desse mercado. Neste primeiro livro, eles disponibilizam o único treinamento de que você e sua equipe precisam para chegarem ao topo.

Estas páginas, portanto, reúnem a experiência vivenciada pelos autores na indústria do MMN. São mais de 45 anos de prática, aplicando os 8 hábitos de sucesso e seguindo o Método Sem Limites. Este livro é dedicado ao profissional de MMN ou a quem queira iniciar sua carreira nessa indústria.

Somente quem segue um método consegue cumprir sua jornada. Parabéns a você, que está iniciando esta leitura em busca de realizar seus sonhos.

PREFÁCIO

"Sua equipe não pode depender de talentos individuais." Esta foi a primeira frase que ouvi quando iniciei minha jornada no MMN, dezoito anos atrás, em julho de 1999. Eu tinha 23 anos e minha família, sempre bem financeiramente, estava passando por dificuldades. Na faculdade, eu não enxergava como ajudá-la a curto prazo e percebi, ao me informar sobre quanto ganhava um recém-formado e ao ver quanto custavam meus sonhos, que a conta não fecharia facilmente. Além disso, eu não me encaixava nas respostas padrões do sistema. Se fizesse o que todo mundo faz, eu teria o resultado que todos têm e, fazendo todos os dias a mesma coisa, dificilmente obteria um resultado diferente. Eu era um distribuidor à espera de um convite inesperado!

Eu e minha namorada – hoje, minha esposa e mãe dos meus três filhos – fomos recrutados por intermédio de um convite que, na época, custava R$ 35 por pessoa, durante uma apresentação em que pude entender o conceito de alavancagem do MMN. Na ocasião, ao ver centenas de pessoas bem-vestidas e motivadas, com o mesmo nível de crença que o meu, todas voltadas para o mesmo objetivo e trabalhando em equipe, meu coração disparou! A sensação era a de que eu encontrara um oásis, meu lugar no mundo. Apesar de não ter condições financeiras para entrar no negócio, arrumei o dinheiro em dois dias e, desde então, minha vida mudou: consegui pagar todas as dívidas da minha família, casei e tive três filhos, que estudam nas melhores escolas.

Hoje, eu viajo o mundo, comprei casas, carros e aviões, e montei minha própria empresa de MMN, que foi uma das maiores do Brasil por anos, reunindo 28 mil pessoas duas vezes por semana, apesar de ter começado com apenas sete líderes. O mais importante, treinei milhares de pessoas em vários países e fiz incontáveis amigos, que se tornaram indivíduos de sucesso, alguns dos quais continuam comigo.

Em 2007, minha empresa, a Megaomni, foi questionada e acusada de pirâmide financeira pela mídia, mesmo tendo duzentos funcionários, 10 mil itens em catálogo, galpões logísticos e nunca ter falhado em uma entrega de produtos ou deixado de pagar impostos ou comissões. Ainda assim, a justiça demorou quatro anos para emitir opinião sobre a denúncia, deixando-me à mercê dos difamadores, advogados inescrupulosos que aliciaram distribuidores e juízes civis tendenciosos e preconceituosos que quase me levaram à falência, pois jamais me escondi e resolvi pagar o preço de provar meu ponto de vista! Nesse período, em parceria com Denis Engel, montei a Cresça Brasil, uma empresa de Educação a Distância (EAD) focada em cursos livres, por intermédio da qual fizemos grandes acordos. Essa experiência me deu base de andragogia para montar o curso Sem Limites, e a venda dessa companhia me gerou recursos para me reestruturar.

Na mesma época, a convite de José Carlos Semenzato, trabalhei na SMZTO, uma holding de franquias em que usamos o método de recrutamento e duplicação para montar uma equipe de gerentes de expansão. Lá, aprendi muito sobre franquias, o que mais tarde me seria útil no MMN.

Em 2011, provei a legalidade da Megaomni e vencemos o questionamento sobre suas atividades, época em que decidi relançar minha empresa, mas no mercado tradicional. Lancei-me no MMN como consultor de empresas para implantar meu sistema de treinamento e meus conhecimentos de contratos, logística, operação e pessoas; afinal, eu era um sobrevivente e sei o que fazer em situações de início, *bonanza* ou crise!

Ser consultor, porém, não é o mesmo que atuar com equipes ou empreender, porque não existe autonomia quando se dá consultoria. O empresário não o enxerga como alguém que serve de modelo, e segue as orientações que convêm a ele. Além disso, apesar de a consultoria não ter gerência nem poder de decisão sobre compra, entrega, logística, plano e pagamentos, o mercado lhe credita parte da responsabilidade caso algo dê errado. O empresário inteligente aprende com os próprios erros; o sábio, com os erros dos outros.

No entanto, eu não pude dar consultoria sozinho. Reuni meus melhores líderes, que me acompanharam em todo esse trajeto – Abdias Andrade, Gildevan Ribeiro, Bruno Santos, Hector Ortiz e Cesar Pereira foram alguns deles –, mas, juntos, decidimos que era um trabalho ingrato. Em 2014, então, resolvemos estudar o mercado a fim de talvez escolher uma empresa para, como líderes, desenvolver. Durante as pesquisas que fizemos, percebemos que uma ou duas empresas tinham conteúdo duplicável em seu sistema de treinamento: a maioria cadastrava na era digital, mas treinava na era analógica, e os sistemas se resumiam a informações sem método nem linha mestra, contando com indicações de livros, vídeos e depoimentos de vida de líderes que chegaram ao topo vindo de uma situação difícil.

Nos eventos presenciais, o testemunho é importante para gerar prova social, motivar, demonstrar que é possível e contradizer nossos amigos e parentes que só querem destruir nossos sonhos baseados na realidade amarga em que vivem. Porém, se quisermos duplicar nossa equipe, não podemos apresentar somente isso! Iniciei este prefácio com a primeira frase que ouvi: "Sua equipe não pode depender de talentos individuais". Para isso acontecer, o sistema de treinamento tem de ser consistente, como foi o que recebi e que desenvolvi ao longo dos meus dezoito anos de MMN.

Quando fiz meu cadastro, simplesmente não questionei; me espelhei em quem tinha resultado, e todos eles eram conectados ao sistema de treinamento da empresa, que era baseado em uma cultura de repetição, simplicidade e duplicação para facilitar o trabalho dos distribuidores que estavam iniciando no processo de formação de futuros líderes, qualificando para facilitar o trabalho de duplicação, principalmente da base. Cada vez que eu tentava inovar todos os líderes, a empresa me empurrava de volta, lembrando-me de que não existem erros novos. Você pode até fazer melhor, contudo, se não for duplicável, não serve! Foi assim que aprendi.

Anos mais tarde, levando à frente esse conceito e aprimorando-o com novas informações, meu sistema reunia 28 mil pessoas duas vezes por semana, das quais 95% nunca tinham feito MMN ou treinamentos e APNs; apesar disso, começavam e terminavam na mesma hora, como um espetáculo. O treinamento e desenvolvimento pessoal eram levados a sério, todos treinados por meio de um método de repetição. Os que persistiram ganharam muito dinheiro. Não havia segredo, bastava se conectar. A estrela da empresa era o "SISTEMA".

Imagine uma rádio que nunca toca a mesma música. Quem a ouviria? Hoje, é isso o que acontece: a maioria das empresas não entende a importância de se ter um método, deixando a cargo dos líderes o conteúdo a ser apresentado nos treinamentos, sem se conectar a um resultado medido ou a uma linha mestra única, dificultando a aprendizagem da base e replicando os treinamentos nas equipes.

Lembro-me de Steve Jobs, que disse uma vez: "Você só consegue conectar os pontos olhando para trás". Por essa razão, entrei em uma empresa que tinha método, esforcei-me, investi e viajei, conheci empresas internacionais para aprimorar meu método, fui questionado e exposto ao erro para aprimorar minha inteligência emocional. Investi em uma empresa de EAD para aprender sobre esse mercado, bem como suas estatísticas e andragogia. Tudo passou, então, a fazer sentido.

Abdias Andrade, Gildevan Ribeiro, Cesar Pereira e eu, portanto, resolvemos montar a The Rainmakers Academy – em português "os fazedores de chuva" ou "as pessoas que fazem chover" –, uma empresa de treinamento cujos mentores e tutores tinham feito milhões em suas áreas com tanta maestria por quase duas décadas. Ensinaríamos com base na prática e, assim, montamos nosso primeiro produto, um método de ensino do MMN.

Quando montei a Cresça Brasil, descobri que cada pessoa tem um tempo próprio de aprendizado; por isso, nosso método tinha de ser on-line, gravado, e ter um tempo adequado. Assim, as aulas poderiam ser assistidas quantas vezes fossem necessárias, podendo ser aplicadas e duplicadas até em salas de treinamentos, ajudando imediatamente no conteúdo e na duplicação. Hoje, inclusive, temos grupos on-line de mentoria para tirar dúvidas e dar suporte.

Em 2015, portanto, nasceu o Método Sem Limites (www.cursosemlimites.com.br), um curso que oferece 33 aulas gravadas, totalizando novecentos minutos, bem como aulas bônus, arquivos para treinamentos, planilhas, áudio, filmes, livros e palestras bônus com profissionais de venda direta, comportamento e neurolinguística. É um conteúdo prático e acessível para qualquer pessoa que queira aprender e ensinar as dinâmicas do MMN. Para tornar o método ainda mais eficiente, criamos as imersões a partir de ensinamentos que aprendemos com uma empresa da Ásia, dando origem à imersão One Vision do Método Sem Limites (www.metodosemlimites.com.br/imersao). Além disso, nos eventos presenciais, uniram-se à equipe dos Rainmakers autores como Goyami, Gabriel Villa Real, Ariane Riguetti, Hector Ortiz e Bruno Santos, pessoas de sucesso com conteúdo prático e relevante para auxiliar os empreendedores do MMN que querem diminuir a curva do aprendizado.

Este livro é a parte resumida e escrita do nosso método. Temos certeza de que estas páginas, aliadas ao curso, à mentoria on-line e aos nossos eventos presenciais, levarão você a outro patamar, diminuindo em anos a sua curva de aprendizado e fazendo-o potencializar sua lista desde os primeiros convites. Esperamos que você se torne um sábio, pois este método é o resultado dos nossos erros e acertos.

Tenha uma boa leitura e não se esqueça de que para cada hora de teoria são necessárias oito horas de prática!

LUIZ FRANCISCO

***

Aos sete anos, tive a maior lição que alguém em formação poderia ter. Meu pai era empregado de uma pessoa muito rica em São Paulo, trabalhando como auxiliar doméstico. Era uma espécie de faz-tudo. Certo dia, ele me levou ao serviço, pois precisava de ajuda. Na minha época, trabalhar desde pequeno não era problema, e naquela ocasião pude ver a diferença entre um empregado e um patrão. Saímos de casa às cinco horas da manhã. O expediente do meu pai tinha início às sete horas, mas ele saía mais cedo para economizar uma passagem de ônibus; assim, sobrava mais dinheiro dentro de casa. Por esse motivo, todos os dias ele percorria seis quilômetros a pé.

Ao chegar ao trabalho, vi uma bela casa no Itaim Bibi, região nobre de São Paulo, na qual demos a volta para entrar pelos fundos, entrada dos empregados. Perguntei a ele por que não poderíamos usar a porta principal, a da frente, ao que me respondeu: “Porque somos empregados. Entramos, ficamos na cozinha e esperamos mais de uma hora, até que o patrão acorde”. Questionei meu pai: “Por que temos que chegar tão cedo? Já que ficamos esperando esse tempo todo, poderíamos ter dormido um pouco mais”. “Não podemos fazer isso”, ele me disse. “Somos empregados... Só o patrão pode dormir até a hora que quiser.”

Depois disso, fomos ao Mercadão de Pinheiros, onde meu pai pediu ao açougueiro: "Quero quinze quilos de carne", os quais eram para os cachorros do patrão. "Você tem osso para dar aos meus cachorros?" E o açougueiro entregou um pacote de ossos. Foi então que descobri de onde vinha o osso carnudo que era cozinhado em nosso feijão e servia de mistura em nosso prato.

Sem perceber, meu pai me passou a maior lição de todas. Ele era um homem batalhador, andava a pé para economizar passagem de ônibus, não comia um salgado fora para não faltar dinheiro. Ele conseguiu me mostrar, em apenas um dia, a diferença entre patrão e empregado. Eu o tinha como herói, mas não queria seguir seus passos como um escravo do trabalho. Decidi, então, que não seria empregado. Eu queria ser patrão.

Aos 15 anos, comecei a juntar dinheiro; aos 16, comprei roupas para vender de porta em porta e, aos 21 anos, tornei-me empresário. Em 1994, conheci a primeira empresa de Marketing Multinível do mundo, da qual participei como distribuidor, mas, em razão da desistência da minha linha ascendente, não consegui dar continuidade aos negócios. Quebrei três vezes como empresário.

Em 2003, eu morava em um quartinho de 2,30 metros por 2,70 metros, cedido pelos meus pais, estava todo endividado e passando por muitas dificuldades. Nesse ano, apareceu-me novamente a oportunidade de ingressar na indústria do marketing de rede. Por meio de um amigo, conheci um método incrível de trabalho aplicado por Luiz

Francisco, um sistema que poderia me levar a outro patamar se o aplicasse certinho.

Em 2004, dediquei-me 100% ao Marketing Multinível e, em 2005, ganhei o meu primeiro milhão utilizando o método. Iniciei minha carreira nos palcos como consultor e fui promovido a diretor, treinador e palestrante, tendo a oportunidade de dividir o palco com personalidades como Roberto Justus, Oscar Schmidt, Luiz Francisco, dentre outras.

Em 2007, fui o 16º profissional de Marketing Multinível mais bem pago do mundo. Em 2009, participei do mercado de franquias, adquirindo uma vasta experiência nesse setor, e tive a oportunidade de atuar com os maiores franqueadores do Brasil e aprender tudo sobre essa modalidade. Em 2012, tornei-me consultor de empresas de Marketing Multinível e tive o privilégio de trabalhar ao lado de profissionais do mais alto escalão, fazendo parte das equipes de consultoria das maiores empresas de MMN criadas no Brasil e no exterior. Em 2014, fui convidado por Luiz Francisco para construir um legado e passar nosso *know-how* para as novas gerações e deixar nossa marca na história do Marketing Multinível. Passei, então, a compor a seleta equipe dos Rainmakers.

Hoje, estou aqui compartilhando o meu conhecimento de vida experienciada para colaborar com o seu crescimento na indústria do Marketing Multinível.

Aproveite a leitura, valorize a oportunidade, aprenda e aplique.

GILDEVAN RIBEIRO

***

O ano de 2002 mudaria o curso de minha vida para sempre. Tinha dezoito anos de idade, era cobrador de lotação e morava na periferia da Zona Norte de São Paulo, com meus irmãos mais velhos e meus pais, em uma pequena e humilde casa de aluguel.

Meu irmão mais velho, Pedro Andrade, nesta mesma época era *personal trainer* de uma academia localizada em uma área nobre. Foi lá que conheceu um aluno diferenciado; esse aluno treinava na academia em horários atípicos de quem trabalha no mercado tradicional, por volta das 10h30 da manhã, outros dias, às 13h; um dia ele ia com um carro, no dia seguinte ia com outro, e assim sucessivamente.

Reparando nisso, meu irmão perguntou algo que não se pergunta a uma pessoa treinada em uma empresa de MMN: "O que você faz da vida?".

Então esse aluno, que é um grande amigo chamado Marcelino, fez o convite para o meu irmão e o levou para conhecer a empresa da qual ele fazia parte. Meu irmão saiu de casa no domingo cedo e voltou de madrugada. Chegando em casa quase às 2h00 da manhã, ele acordou meus pais dizendo: "Pai, mãe, vou comprar a nossa casa em seis meses! Hoje conheci um negócio que vai mudar nossas vidas". Eu acordei com a euforia e fui perguntar ao Pedro o que tinha acontecido e o que ele tinha visto, e ele me disse: "Abdias, é uma reunião em um hotel cinco estrelas, na qual você leva seus amigos para fazerem negócios, um lugar em que tem música alta no meio da apresentação, pessoas batendo palmas, no final tem um *coffee break* e daí você ganha dinheiro levando seus amigos".

Fiquei com cara de interrogação, sem entender absolutamente nada, e fui dormir. Naquela época eu era muito jovem, tinha apenas dezoito anos, então não dei muita atenção. Quando se passaram alguns meses, meu irmão comprou um carro com meses de trabalho na empresa. Para você que está lendo isso agora, imagine que nem meu pai nem minha mãe, durante toda uma vida, jamais tiveram um carro, e, em meses de trabalho, em 2002, meu irmão compra um carro que na época era top de linha. E então, todos os domingos, aquele *personal trainer* passou a usar terno e gravata. Foi a partir daí que a minha vida no MMN começou. Um dia eu estava com uma amiga, e ela viu o meu irmão saindo no domingo e indo para uma reunião de carro, trajando terno e gravata.

Ela me perguntou na ocasião o que o meu irmão estava fazendo, ao que respondi: "Cláudia, eu sei que ele vai a hotéis cinco estrelas, onde as pessoas batem palmas com música alta, levam seus amigos, onde tem um *coffee break* e ganham dinheiro". Foi exatamente isso o que disse a ela, que ficou me encarando sem entender nada, mas falou que queria conhecer o que era aquilo também. Disse então que iria conversar com o meu irmão a fim de que ele a levasse para conhecer o trabalho dele, mas ela me pediu para ir junto, pois não conhecia bem o meu irmão. "Com você comigo eu me sentiria mais à vontade", e eu falei que tudo bem.

Quando fui conversar com meu irmão e comentei que a minha amiga queria conhecer o negócio, ele disse que tudo bem, porém precisaríamos cada um pagar R$ 50 (o que hoje equivaleria a cerca de R$ 100) para fazermos uma reserva e conhecer o negócio. Além disso, eu precisaria estar de terno e gravata na ocasião. No dia da apresentação, lá estava eu com um terno emprestado de meu pai, que era muito maior do que meu tamanho, acompanhado de minha amiga, curiosa para saber o que iria acontecer.

Estávamos em um hotel cinco estrelas. Foi a primeira vez que tinha entrado em um hotel, então começaram a apresentação, a música, as palmas, os vídeos e fiquei encantado com tudo o que estava acontecendo. Eu me conectei com aquele modelo de negócio no primeiro instante. A primeira parte falava sobre a empresa e o produto, a segunda parte falava sobre o MMN e os ganhos alavancados, e foi daí que entendi por que o meu irmão chegou em casa naquela noite tão motivado. Na terceira parte veio o valor do investimento, e quando o apresentador falou R$ 3000, no segundo seguinte eu fiquei surdo porque naquele momento eu me senti fora do negócio uma vez que não tinha aquele montante. Porém, na última parte daquela apresentação, foi quando uma frase mudou completamente minha visão em relação ao meu futuro e minhas crenças limitadoras, porque para mim era impossível conseguir o valor de R$ 3000 para participar do negócio. Eu era cobrador de lotação, morava de aluguel com meus pais, minha mãe era diarista naquela época e meu pai padeiro, mas, quando o último apresentador falou "talvez você que está aqui nos conhecendo hoje deve estar pensando que é impossível as coisas mudarem na sua vida, mas pense que tudo antes de ser mudado foi impossível: pisar na lua era impossível, a energia elétrica era impossível, o avião foi considerado impossível, então, O IMPOSSÍVEL SÓ É A OPINIÃO DE ALGUÉM QUE TENTOU E NÃO CONSEGUIU", parecia que só estava eu naquela sala e ele falava diretamente comigo. Finalizando a apresentação daquele dia, era o próprio Luiz Francisco falando comigo.

Por fim, a minha amiga fechou o negócio e eu comecei a trabalhar no contrato do meu irmão. Assim comecei minha carreira na indústria do MMN, e no meu primeiro treinamento fui até o Luiz Francisco e falei: "Eu quero ser igual você, o que eu precisar fazer eu vou fazer", e então o Luiz me fez uma pergunta: "Você tem certeza?". Respondi que sim, e ele disse: "Então ótimo. Primeira coisa, corte esse cabelo de um jeito que transmita credibilidade, compre um terno do seu tamanho porque este que você está usando não dá, tire o brinco e leia o livro as *Sete leis espirituais do sucesso*". E esse foi o meu primeiro contato com o Luiz, e com isso entendi que precisava me tornar uma pessoa interessante e não a interessada para os meus amigos, porque um dos maiores erros é quando você tenta convencer seus amigos de que você está no melhor negócio do mundo e tenta vender oportunidade. Depois disso, Marcelino, o meu líder, disse que, se eu quisesse ficar rico naquele negócio, eu teria que apenas vender dois convites para duas pessoas empreendedoras toda semana, e que o meu único trabalho era levar duas pessoas com o perfil ideal na semana e nunca faltar em nenhum treinamento e em nenhuma apresentação.

Nunca mais eu faltei em nenhuma apresentação e em nenhum treinamento. Amava estar naquele lugar todos os domingos, porque era o único dia que eu não era um cobrador de lotação e sim um empreendedor, e todos me olhavam como um empreendedor; era o dia em que eu colocava a minha melhor roupa e ia fazer negócios, amizades com pessoas interessantes que acreditavam na mesma coisa que eu, todos em busca da liberdade.

Passei a ser especialista em convites, em persuadir pessoas com uma personalidade atraente, e sempre as deixava curiosas para saber por que eu era tão motivado. E todo o princípio para você conseguir convidar tanto os seus amigos quanto o "contato frio" é deixar as pessoas CURIOSAS com a sua atitude e marketing pessoal impecável. Afinal, um convite bem-feito é responsável por 70% do fechamento de um novo distribuidor em sua equipe.

ABDIAS ANDRADE

INTRODUÇÃO

Alavancagem, Napoleon Hill, mercado de economia compartilhada e sistema de ensino

1. O que é o Mercado do Marketing Multinível, e por que ele dá dinheiro

Toda economia global é medida por meio do PIB (produto interno bruto), e de acordo com os números divulgados nessa medição é que sabemos se um país está no caminho certo. O crescimento dessa taxa significa que pessoas estão progredindo, tendo sucesso e melhorando sua qualidade de vida. Mas em que é baseada a economia? Na movimentação de produtos e serviços!

Desde os primórdios do comércio, a movimentação de produtos e serviços determina a prosperidade de uma região, e para isso é necessário um bom modelo comercial. Para produzir produtos e poder comercializá-los no mercado interno e externo, é necessária a existência de infraestruturas, tais como universidades para capacitar profissionais, rodovias, portos, ferrovias, energia, regras fiscais e comerciais para importação e exportação, embaixadas para representar os interesses do país em outros continentes, sistema financeiro para financiar a produção e a capacitação, enfim, todo um conjunto de fatores para garantir a comercialização de produtos e serviços, que gera divisas, impostos e faz a roda girar. Países com mais criatividade, capital barato, sistema de ensino eficiente e infraestrutura bem projetada acabam por sair na frente, pois têm maior resultado em suas vendas e geram mais empregos e oportunidades e por consequência mais prosperidade.

Então se o mercado de marketing multinível movimenta trilhões de dólares e a venda e comercialização de produtos e serviços é responsável pelo PIB dos países, como podemos participar de todo esse movimento e mudar o resultado de nossas vidas? À parte o fato de as pessoas ganharem dinheiro para se manterem, também o ganham para poder consumir e, se tivermos uma fatia desse consumo, podemos ganhar muito dinheiro e conquistar um resultado jamais sonhado. Milionários e bilionários ao redor do mundo já entenderam isso, construindo fábricas, redes de franquia, montando sua cadeia varejista... Mas e você? E como fazer sem capital? Este livro irá lhe mostrar e ensinar como ganhar dinheiro com esse mercado, com investimento quase zero, uma qualificação vitalícia e praticamente sem custo e sem limites de ganhos! O único preço consiste em uma dedicação de 2 a 5 anos, exercitar a convicção, persistência e seguir um sistema e pessoas que já chegaram aos seus objetivos. Esse foi o caminho que escolhi, assim como o Gildevan e o Abdias, também autores deste livro. Se você não desistir, garanto o seu sucesso; treinamos milhares de pessoas e nunca vimos ninguém fracassar, somente pessoas desistirem, assim como desistem de faculdades, dietas e relacionamentos. Portanto, se quiser entender e ter resultado, o segredo é este: convicção e persistência, seguindo um método eficaz de quem já conseguiu!

Na escala produtiva, um dos maiores custos é a cadeia de distribuição de produtos, e talvez seja a mais difícil de constituir. Como vender o produto e o tamanho da cadeia de distribuição determinam o sucesso ou o fracasso de uma empresa. A Coca-Cola é uma das maiores empresas do mundo em razão da eficiência e do tamanho da cadeia de distribuidores, pois, aonde quer que você vá, você encontra uma Coca-Cola, e esse modelo com tantos pontos de distribuição, de vendas e de cadeias logísticas é o ativo mais valioso da empresa. Hoje em dia, o produto é uma commodity, mas ter o cliente e ter capacidade de fazer o seu produto chegar até ele não é para qualquer um.

Assim, tudo gira em torno de vendas. Mas existe uma universidade de vendas? Qual o melhor sistema? Se tudo gira em torno das vendas, é muito importante definir o modelo a seguir e qual o capital a ser investido. O modelo escolhido determina o sucesso ou fracasso de um produto ou serviço; temos vários cases de bons produtos que fracassaram porque as pessoas erraram no marketing e no modelo de vendas, e muitos outros de produtos medianos que são um sucesso em razão da escolha do modelo.

Modelos para Distribuição

Temos vários modelos para distribuição: a venda direta; a franquia; a distribuição para lojas do setor, com representantes comerciais vendendo para o mercado interno ou externo; e, particularmente, o melhor deles, o modelo do Marketing Multinível e todos de olho no consumo. Vamos analisar rapidamente esses quatro modelos:

2. Venda direta

A empresa tem vendedores independentes, com ganhos limitados, uma grande rotatividade dos vendedores em decorrência da falta de perspectivas a médio e longo prazo por conta do sistema de comissões, porém pode rapidamente se espalhar por todo o país, pois não depende de pontos físicos e é composta por profissionais com talento para lidar com vendas. No entanto, há muitas pessoas que migram para esse modelo porque não se deram bem em outras áreas ou estão procurando uma renda paralela, e o investimento para se começar é baixo e não existem barreiras para iniciar. A empresa tem que possuir um grande conhecimento de gerenciamento de pessoas para sempre continuar recrutando, e investindo em um sistema motivacional, porém motivar pessoas com ganhos limitados sempre é um desafio.

3. Distribuição por meio da representação comercial ou de varejistas e atacadistas

Nessa modalidade, as empresas possuem um sólido investimento em marketing nos canais de comunicação em massa, tanto as fábricas como os varejistas possuem uma equipe de vendas enorme desde diretores, gerentes, supervisores e vendedores, todos com carteira assinada e gerando vultosos custos. Quem ganha nesse modelo são as próprias empresas e os veículos de comunicação, pois os vendedores são meros tiradores de pedido.

4. Franquia

Um modelo de negócios testado que vende a sua fórmula, ou seja, a experiência e a *expertise* para você investir e tocar seu próprio negócio, o qual, caso você não entre com uma determinada mentalidade, não possua várias unidades e fique somente na primeira loja, consistirá no mesmo que comprar um emprego, pois a liberdade financeira vem por meio da alavancagem, que dificilmente será trazida apenas com uma unidade. Nesse modelo, são recrutadas pessoas com capital e disponibilidade de tempo para divulgar e distribuir os produtos do franqueado, a empresa tem que ter um excelente modelo para recrutar e treinar, porém é limitada pelo número de franquias e de pessoas com capacidade de assumir um alto investimento para iniciar; é uma boa solução quando o franqueador tem sólida experiência e o franqueado tempo e dinheiro para trabalhar a longo prazo e ser um ótimo gestor e administrador, e se quiser alavancagem terá que investir todo seu lucro em novas unidades, o que em nossa visão deixa tudo muito lento e sacrificante.

Nos dois primeiros modelos, o dono da empresa tem que investir muito dinheiro para ter sucesso e seus colaboradores dificilmente terão um sólido resultado, ou seja, todos trabalham para o sonho de apenas uma pessoa.

No modelo de franquia até existe uma divisão de ganhos, porém o empreendedor investe muito e o risco é considerável!

5. Marketing multinível (MMN)

Na década de 1950 uma empresa americana tinha inventado um produto revolucionário, mas não tinha dinheiro para contratar e montar uma equipe de vendas do modelo tradicional. Então, resolveu comissionar os clientes que indicavam outros clientes, assim eles poderiam consumir gratuitamente ou até ganhar muito dinheiro com esse modelo pelo simples fato de fazerem o que nós já fazemos todos os dias: consumir produtos e indicar para nossos amigos. Com a explosão desse modelo, muitas empresas o adotaram e, em meados dos anos 1950, a Amway foi a empresa que mais se destacou, porém foi bloqueada, pois todos se perguntaram se as comissões em cadeia não configuravam algo como uma pirâmide financeira. Anos mais tarde, e após muita discussão, chegou-se à conclusão de que não se tratava de pirâmide. O modelo é sustentável e realmente leva prosperidade, produtos e serviços da fonte direto ao consumidor final, e desde aquela época esse mercado só vem ganhando força e tornando muitas pessoas milionárias. E assim nasceu o primeiro modelo de consumo inteligente e economia compartilhada.

Se todo mundo consome produtos, e se o que influencia a decisão de comprar das pessoas são os meios de comunicação, por que não destinar a verba desses meios para comissionar meus próprios consumidores a fim de que sejam divulgadores e ao mesmo tempo distribuidores, e ainda permitir que eles paguem o mesmo que um varejista ou atacadista paga? Como disse Robert Kiyosaki, MMN é o negócio do século XXI e para ter seu próprio negócio basta comprar o que você já consome! O que você acha? Inteligente? Ou prefere gastar milhares de reais em uma franquia ou negócio próprio?

Mas muitas pessoas não entendem comissões tão altas, desconfiam por não estarem acostumadas com essa realidade, então no começo deste livro quero esclarecer esse assunto.

Toda empresa tradicional gasta em torno de 20% a 35% entre marketing nos meios de comunicação e os custos de uma equipe de vendas, com comissões, pessoal, estrutura, ajuda de custo e impostos. Nas empresas que adotam o modelo de MMN, esses valores vão para a remuneração da rede, que vende, consome e divulga os produtos para amigos e parentes no famoso boca a boca, e hoje, nas redes sociais, esse trabalho é muito potencializado, então, em vez de pagar milhões para os meios de comunicação e para uma estrutura de vendas tradicional que muitas vezes é ineficiente e precisa de muita experiência e capital para iniciar, muitas empresas adotam o modelo de MMN, que acaba se tornando uma sociedade entre a empresa e os distribuidores. Existem muitas equipes treinadas hoje em dia, e tanto o distribuidor como a empresa podem iniciar com muito pouco em relação aos outros modelos, alcançando cifras nas quais muitos nem acreditam.

Na maioria dos casos, você compra um kit de produtos ou serviço, com 50% do preço de catálogo, e, a depender da empresa e do produto, todo mês tem que fazer um compra mínima de R$ 250 a R$ 600; com isso, você gera faturamento na rede, tem catálogos de produtos, geralmente em torno de 20 a 500 itens que incluem até a viagem dos sonhos, e, com essa variedade, se você é um daqueles que não gosta de vender, basta consumir essa compra mínima, substituindo a marca que você compra na farmácia ou no supermercado ou na internet, que não lhe paga nada de volta. Que tal se cadastrar para comprar a viagem dos sonhos em rede e com isso ganhar ao fazer indicação para seus amigos? Essa compra mínima com desconto de catálogo gerada em uma rede que começou com poucas pessoas (um a sete participantes), depois de aplicado o conceito do livro por cerca de dois a cinco anos, vai chegar a milhares de amigos, os quais juntos irão gerar milhões de reais em vendas e consumo, e você vai receber uma porcentagem desse valor e ganhar o que jamais sonhou!

Vou dar um exemplo: mesmo que você não goste de vender, nada o impede de recrutar pessoas que gostem. Porém, 100% consomem produtos e serviços; então, é um negócio para quem não gosta de vender e consome, e para quem gosta de vender e consome. Levando em consideração que todos querem adquirir produtos com desconto e que a maioria está procurando uma oportunidade para melhorar de vida, qual a razão para não se cadastrar? O único risco que você ou seu amigo corre é de ganhar dinheiro, já que não se paga nada para entrar; você simplesmente compra os produtos a preço de custo, e se vendê-los terá lucro, se consumi-los estará economizando. Os planos de remuneração possuem de três a dez formas de ganhos em sistemas que à primeira vista são complicados, porém nada que uma pequena explicação não resolva. Essas formas de ganhos contemplam várias situações; do distribuidor iniciante ao líder que construiu sua rede, incluindo prêmios como carros e experiências em formas de viagem, cada empresa tem sua estratégia, mas todas distribuem o mesmo dinheiro, cerca de 20% a 35% do faturamento bruto. Existem vários tipos de planos de comissões e bônus, mas imagine que você iniciou sua rede com três amigos e você seguiu todo o treinamento, leu livros, assistiu aulas on-line, foi a todos os eventos promovidos pela sua equipe e pela sua empresa e após três anos sua equipe tem mil pessoas ativas (um número abaixo da média); se cada um estiver consumindo o mínimo requerido pela empresa - vamos considerar o valor de R$ 250 - e ninguém vender nada, apenas comprar para consumir, sua rede estará produzindo R$ 250.000 de consumo, ou seja, vendas para a empresa que você se cadastrou. Isso significa que, além de ganhar carros e viagens, seus ganhos mensais chegam em torno de 4% a 8% desse montante, gerando um cheque de R$ 10.000 a R$ 20.000 apenas do consumo mensal, além do cadastro de novos distribuidores, o que levaria seus ganhos totais de R$ 30.000 a R$ 40.000! Agora imagine 10 mil pessoas e 20% delas vendendo muito! Será que sua vida muda?

Este livro lhe proporcionará as ferramentas para colocar em prática a construção dessa rede. São 8 hábitos que, ao incorporar em sua vida e repassar a toda a sua rede de forma constante e repetitiva, irão capacitá-los a recrutar pessoas com a mesma convicção que a sua, além de empregar técnicas que já foram utilizadas e comprovadas, pois não existem erros novos; esse é um negócio cujas pessoas são novas, mas que podem cometer erros antigos. Nossa missão é encurtar o seu caminho.

O mundo é cheio de lugares maravilhosos para se conhecer, mas nós nos limitamos a ter o mesmo dia 365 vezes por ano. Em outras palavras, somos capazes de sonhar e de criar, temos livre-arbítrio para comandar nossa vida, porém, por medo, preconceito e falta de confiança, desperdiçamos o que temos de mais valioso: o nosso tempo. Ele não volta atrás e não podemos sequer comprá-lo de volta, então, por mais que você esteja se esforçando para aproveitar a vida na aposentadoria, repense, pois pode ser tarde! Cada dia que passamos sem sonhar, treinar e ir em direção a uma vida plena, estamos perdendo um tempo precioso. Lembre-se de que o importante é a viagem, e não o destino.

Nosso cérebro é capaz de captar 300 bilhões de bytes de informações por segundo, das quais processamos apenas 2%. E a pergunta é: “Como ele escolhe para qual dessas informações dar importância e qual delas descartar?”. Muito simples! Conforme suas crenças, formadas entre zero e nove anos de idade, e de acordo com três fatores: seus pais, seus professores e seus amigos. Isso significa que o ambiente em que você é criado é predominante na formação de suas crenças. Sendo assim, se todos à sua volta só reclamam, se seus pais dizem que ganhar dinheiro é difícil e que é algo que está sempre em falta, se seus professores são desmotivados e despreparados, a imagem que você tem da vida é a de que vencer não é fácil. Você, então, cresce com essas "verdades", dando mais atenção a dificuldades e a pessoas que têm pouco resultado, e os exemplos de sucesso acabam passando despercebidos ou são considerados mera sorte. Como resultado, na fase adulta, acredita que se trabalha muito e se ganha pouco, e qualquer coisa que contradiz isso parece falsa. Assim, formam-se os paradigmas.

Apesar de termos sonhos, nós nos limitamos a jogar na loteria para realizá-los, pois tudo parece muito arriscado e perigoso. Desse modo, nos sentiremos desmotivados a efetuar qualquer negócio que exija risco ou empenho, e será necessário alguém bem-sucedido – um amigo, o cônjuge – e com uma crença diferente para tentar mudar essa realidade.

Se você se sente amarrado, pois seu dinheiro só paga suas contas, e quer dar uma vida melhor para aqueles que ama, percebendo que suas crenças o trouxeram até aqui e que, para seguir adiante, é necessária uma mudança, parabéns! Agora, só é preciso achar a empresa de MMN certa para você, bem como um líder que admire e que entenda seus objetivos; assim, poderá dar o primeiro passo para mudar sua vida. Nesse momento, note se sua intuição dá sinais de motivação e não dê ouvidos ao medo interno ou a parentes e amigos desestimuladores! Se a empresa que você escolheu estiver dentro dos parâmetros a seguir, vá em frente. Não há como dar errado. Você só vai perder se desistir, então tente até vencer. Este é um dos segredos.

No começo, pode ser que você precise investir algum capital e demore mais do que os outros para ver algum resultado, mas a vida é assim: são cinco anos de faculdade mais trinta para se aposentar, então há de levar algum tempo para se tornar um distribuidor de sucesso e, depois, um líder. É errando que se aprende. Para se estar pronto para ganhar dinheiro, é necessário aprender a fracassar e não se desestimular com isso. A grama não cresce antes do tempo; a natureza é sábia. Se todos temos a mesma capacidade de aprender, se alguém na sua empresa venceu, você também pode! Depende da velocidade e da consistência de seu aprendizado. A missão deste livro e do curso, portanto, é diminuir a curva do seu aprendizado.

Iniciamos o nosso curso on-line falando sobre Napoleon Hill e sua pesquisa, patrocinada por um bilionário chamado Andrew Carnegie – o segundo homem mais rico da história –, que queria deixar um legado: descobrir por que os ricos são ricos. Para tanto, Napoleon Hill conversou com 16 mil milionários e, dentre eles, selecionou os 500 mais ricos para, por 25 anos, estudá-los. O pesquisador descobriu que a fortuna que a maioria desses homens fez nada tinha a ver com educação ou herança! E agora você deve estar se perguntando: "Tem a ver com o quê?". A questão é biológica. Pessoas de sucesso, em virtude de alguns hormônios – a endorfina, por exemplo –, têm um *mindset* (do inglês, "maneira de pensar") diferente, não precisando de aprovação de amigos e parentes para ir em direção aos seus objetivos. Eles não sentem a necessidade de ser aceitos, adoram ser chamados de loucos e, o mais importante, entendem que cada fracasso é uma aula para o sucesso, e não a resposta definitiva para seus sonhos.

Para que você, líder ou distribuidor iniciante, possa adquirir esse *mindset*, criamos uma série de atividades e exercícios no curso on-line, os quais devem ser praticados habitualmente. Ensinaremos o leitor a direcionar a atenção a informações e pessoas ligadas ao seu novo objetivo. Quer um exemplo? Quando você decide trocar de carro e escolhe o novo modelo, parece que só o vê na rua. Isso ocorre porque, como decidiu para onde vai e colocou essa imagem no seu inconsciente, seu cérebro busca tal informação e passa a mostrá-la a todo o momento.

Outro ponto importante a ser levado em consideração é ter pequenos objetivos que possam ser conquistados semanalmente (pode ser um jantar especial ou um presente para quem você ama, por exemplo). Quando esses sonhos se tornam realidade, pequenas vitórias começam a surgir. Você passa a liberar endorfina e seu cérebro vicia-se na sensação de dever cumprido, treinado por suas atitudes, estimulando-o e deixando-o mais proativo, pronto para vencer todos os dias. Vamos explorar bastante isso, pois nossa missão é preparar campeões para a vida!

Para conhecer essas atividades, acesse o site do curso Sem Limites (www.cursosemlimites.com.br), Módulo 1,

Capítulo "Paradigmas", que estará disponível gratuitamente por trinta dias após o primeiro acesso. Disponibilizamos aqui um *voucher* de desconto para você ter acesso ilimitado ao curso.

Ao longo destes doze anos, eu dei treinamento e conduzi palestras para mais de 300 mil pessoas, os quais são sempre iniciados com a seguinte pergunta para os convidados: "Quem aqui ganha o que merece?". A resposta é unânime: ninguém levanta a mão, pois todos acham que merecem mais do que estão recebendo e que são subavaliados pelo mercado de trabalho ou pelo chefe. No entanto, o que fazem para mudar? A maioria continua com as mesmas atitudes, obtendo o mesmo resultado; assim, continuarão reclamando. Eu, então, pergunto: "Gostariam de ter uma chance de ganhar o que merecem? O que falta a vocês: capacidade ou oportunidade?". Muitos respondem que lhes falta oportunidade. O meu papel como recrutador e líder é mostrar, em minhas palestras ou quando estou apresentando uma oportunidade, que, se a empresa tem um produto útil e de qualidade, com um preço competitivo e sem gargalo de entrega, bem como um sistema de recrutamento e de ganhos em rede, é possível ganhar o que sua capacidade lhe permitir.

As pessoas querem triunfar, mas desconhecem as normas do jogo. Para vencer uma partida de xadrez, é necessário ter o conhecimento de suas regras; para se ter tempo, dinheiro e realizar seus sonhos, chegando ao topo – seja no MMN ou no mercado tradicional –, é preciso seguir as regras! Queremos transformar você em um jogador que domina as regras desse jogo. Está curioso? Então vamos lá.

No mundo, 5% das pessoas são economicamente independentes. Isso quer dizer que, numa compra, elas não olham preços – pode ser de um carro, uma casa ou viagens – e têm tempo, isto é, não gastam grande parte da vida trocando tempo por dinheiro. Se trabalham, é porque gostam do que fazem e podem tirar quantas férias quiserem por ano. Temos, então, aproximadamente 360 milhões de pessoas livres no mundo, com tempo e dinheiro. Apesar de exercerem atividades diferentes, 99% delas entenderam uma única regra: a **alavancagem**. Vou explicar de maneira simples e duplicável: se alguém é dono de uma farmácia, uma loja de roupas, um posto de gasolina, um restaurante, provavelmente não é independente financeiramente. No entanto, se em vez de uma única loja esse alguém tiver uma rede de farmácias, lojas de roupas, postos de gasolina ou restaurantes, será uma pessoa rica. Quem tem mil funcionários tem 8 mil horas diárias de trabalho a seu favor, contra oito horas suas. Em outras palavras, o segredo está na **REDE**.

Para se construir uma rede, porém, é necessário dinheiro, *expertise* no ramo em que vai se desenvolver e experiência. Nesse momento, muitos desistem e não participam do jogo. O MMN, porém, é a chance de qualquer um ter uma rede de negócios; isto é a alavancagem. Não é necessário um grande capital, e qualquer um que tem sonhos pode participar. A empresa disponibiliza a *expertise* por meio dos treinamentos e de seu *up line*, e os líderes têm o interesse de passar sua experiência de erros e acertos, pois, se você crescer, eles ganham.

A partir de agora, que você conhece a regra do jogo e está lendo este livro, construir uma rede de consumo e vendas dos produtos ou de prestação de serviço da sua empresa está em suas mãos. Tudo de que precisa está bem ao seu alcance e sugiro que você torne isso seu plano A. Mesmo que sua receita seja proveniente de outra atividade sem alavancagem, transforme-a em seu plano B, pois somente com uma rede forte no consumo e nas vendas sua vida vai mudar, será plena e empoderada. Você poderá fazer o que desejar e quando desejar, e possuirá o bem mais precioso que podemos ter: nossa LIBERDADE. Quando sua rede prosperar, você será livre como nunca foi, e para viver esse momento vale qualquer esforço. Além de tudo, construir uma rede é muito prazeroso, pois trabalhamos com nossos amigos que acreditam no que acreditamos, querem vencer e, assim como nós, estão cansados de viver a mesma vida todos os dias. Você será catalisador dessa mudança e, além de conquistar sua liberdade, ajudará e inspirará milhares de pessoas a fazerem o mesmo. Existe prêmio maior?

A única regra é não desistir e fechar os ouvidos para fracassados e parentes agourentos que só enxergam dificuldades. Por falar neles, se algum deles quiser lhe dar um conselho, só aceite em duas condições:

1. Se a pessoa tiver uma vida plena e os sonhos, ou parte deles, realizados;
2. Se ela conhecer o negócio que você viu, ou a pessoa que o apresentou a ele; do contrário, faça-se de

surdo e acredite que será melhor assim. Aconteceu comigo.

Quando errar e não atingir suas metas, lembre-se de que a frustração é um dos maiores vilões da indústria do Multinível, pois a maioria entra no ramo com a expectativa de que ganhará muito trabalhando apenas um dia por semana, ou ganhará muito em pouco tempo, tomando como exemplo ganhos de alguns prodígios. Sem trabalhar, é impossível. Se alguém falar o contrário, desconfie da proposta. O tempo dependerá muito da sua dedicação e capacidade de aprendizado e aplicação. Alguns aprendem mais rápido; outros demoram um pouco mais. Se houver frustração, portanto, não desista e procure seu líder. Se estiver frustrado porque trabalhou e não obteve o resultado esperado, refaça seus treinamentos e comece de novo. Cada um tem um tempo, então não se compare a ninguém. Conheço pessoas que ganharam dinheiro em 180 dias e outras que levaram dois anos para que isso acontecesse, mas todos chegam lá, é uma questão de tempo.

Caso a frustração seja decorrente da falta de resultado, mas você não frequentou todos os treinamentos, trabalhou somente poucas horas, não leu nada sobre o assunto e não sabe como seu líder trabalha, suas crenças estão erradas. Elas são irreais, pois você nem tentou. Vá a todos os treinamentos, trabalhe no mínimo quatro horas por dia e leia os livros indicados; aí sim poderá falar que está tentando. Somente participar não significa que está trabalhando ou se esforçando. A frustração serve para refletir, revisar seus feitos e seguir em frente.

Realizar sonhos no Multinível depende de escolher uma empresa que tenha a ver com você, que forneça um bom produto e que possua um bom corporativo e um bom plano de compensação. Não se iluda com facilidades ou ganhos rápidos sem dificuldades, pois estas vão durar pouco. Lembre-se: porta larga na entrada significa que ela será estreita no final. Plano e produto são coadjuvantes. O sistema de treinamento e a experiência das pessoas no comando fazem a real diferença para a empresa prosperar com seus distribuidores.

Nestas páginas, você aprenderá a prática de maneira simples e duplicável para poder atingir resultados na sua equipe.

Neste livro, vamos apresentar parte do Módulo 3 do curso Sem Limites, que aborda a prática do Multinível. De maneira rica e detalhada, explicaremos o conceito e a execução dos 8 Hábitos de Sucesso, os quais são atividades que, se realizadas com excelência, o farão alcançar seu objetivo no MMN. Esses hábitos agregam valor em qualquer sistema de treinamento de qualquer empresa desse segmento, e ajudaram milhares de líderes a obterem resultado de forma consistente, pois não são construídos com base no talento individual, mas em um sistema de ensino testado, capaz de fazer pessoas simples se tornarem grandes líderes dessa indústria.

8 HÁBITOS PARA O SUCESSO NO MMN

1
QUADRO DOS SONHOS

A primeira coisa que você deve saber é que não se constrói nada se não houver um sonho.

Se você não sabe para onde está indo, qualquer lugar serve, mas, sem sonhos bem definidos, como se motivar? Deus nos deu o maior computador do mundo e o instalou entre nossas duas orelhas. São 84 bilhões de neurônios a nosso favor, e o que fazemos todos os dias? Adequamos nossos sonhos à nossa realidade, enquanto o certo seria transformar nossa realidade, influenciar o mundo e as pessoas para realizar tudo aquilo que sonhamos.

Os sonhos e objetivos daqueles que produzem mais endorfina e cujo *mindset* é ajustado são prioridades. Eles sabem aonde vão chegar, por isso estão sempre confiantes e motivados. Ao encontrar essas pessoas, temos sempre a impressão de prosperidade e certeza, e acreditamos que elas são ricas mesmo não o sendo, pois não deixam que as definam pelo que têm, e sim pelo que acreditam. Quero trabalhar com você, leitor, esse hábito.

Vamos definir seus objetivos a curto, médio e longo prazo, bem como sua postura. Sua crença tem de ser a de alguém que sabe para onde vai, e que vai chegar quando merecer, quando estiver pronto. Quanto mais estudar e agir, mais rápido chegará; se não desistir, garanto que chegará. A partir de agora, ninguém mais o definirá pelo que você tem, e sim pelo que acredita. Estamos combinados?

O Quadro dos Sonhos é orientador. Você pode montar uma tela de apresentação para seu desktop, ou recortar imagens e colá-las no seu espelho, na geladeira ou até mesmo no teto de casa. O importante é visualizar seus objetivos diariamente para gravá-los em sua mente, informando aonde quer ir, pois seu cérebro é seu GPS e ele precisa ajudá-lo e motivá-lo, analisando informações para você ter ideias vindas da sua crença de como chegar lá. Então, vamos trabalhar com imagens em três etapas.

1.1 Sonhos de curto prazo

A princípio, o Quadro dos Sonhos deve conter um terço de imagens de objetivos a serem alcançados a curto prazo, os quais são de extrema importância para que os sonhos de médio e longo prazo sejam concretizados. Aqui, adicione pequenos objetivos que são praticamente proibidos a um trabalhador de carteira assinada, ou a um empresário que se tornou escravo do próprio negócio. Pode ser um jantar naquele restaurante da moda, aquele fim de semana na praia em um bom hotel, aquele dia de compras no shopping com a família – entrar em uma loja de brinquedos e pedir para seus filhos escolherem, mesmo que não seja uma data comemorativa – ou até mimos para sua esposa, namorada ou mãe, como um belo salão de beleza.

A mudança de *mindset* é essencial para que você tenha uma atitude vencedora; para isso, a estratégia consiste em viciar seu cérebro em endorfina e sensações de vitória. Quando queremos algo, na maioria das vezes, fazemos uma compra planejada ou, pior, parcelada. Vamos mudar isso! Você tem em mãos a oportunidade de produzir o quanto merece, então, a partir de agora, deseje.

Para iniciar essa estratégia, pequenos objetivos são necessários; vamos fazer uma meta de cadastrar os sete primeiros distribuidores na nossa rede, e, a cada distribuidor cadastrado, será um passo; o objetivo é completar esses sete em no máximo noventa dias.

Quando isso acontecer, você vai se dar um prêmio: levará para jantar a pessoa de que mais gosta neste mundo, em um restaurante que somente indivíduos de muito sucesso frequentam. Nesse dia, você se sentirá invencível. Essa sensação é viciante, e seu cérebro, ao querer senti-la novamente, vai motivá-lo a cumprir novos desafios. Pense bem nesses primeiros objetivos. Escolha fotos do lugar, pesquise na internet, seja o mais detalhista possível e coloque tudo no seu Quadro dos Sonhos.

Os primeiros anos do MMN são intensos, nos quais acabamos passando menos tempo em família, e compartilhar esses momentos de prazer com as pessoas que amamos nos faz entender que existe um preço a se pagar, porém a recompensa é muito gratificante. Todos sonham juntos com uma vida melhor, com mais tempo e liberdade financeira, e se aquele restaurante é possível, este sonho também pode ser!

Meu primeiro sonho de curto prazo era poder sair da APN (Apresentação de Negócio) em São Paulo e poder jantar onde eu quisesse, e, nos fins de semana, ir com minha namorada – hoje, minha esposa – aonde nos desse vontade, sem restrições ou limitações. Ao conseguir, senti-me capaz de fazer qualquer coisa. Experimente, você vai adorar!

1.2 Sonhos de médio prazo

Nesta etapa, adicione ao Quadro dos Sonhos um terço dos objetivos de médio prazo. Neste momento, aproveite para sonhar e escolha bem, pois, se você não desistir, eles vão se realizar. Acredite em mim.

Escolha um carro novo, um novo apartamento, saia do emprego que nada agrega em sua vida. Proporcione mais conforto a seus pais, invista na educação dos seus filhos e no sonho do seu cônjuge, faça aquela viagem de lua de mel ou com a família. Tudo passará a fazer sentido em sua vida, e nunca mais você será escravo ou trabalhará para realizar o sonho dos outros. Seu cérebro já estará viciado em realizar os sonhos de curto prazo, fazendo-o acordar mais motivado, com a certeza de vitórias diárias. Aquele palco em que você vai ser reconhecido estará mais perto, a cada evento da sua empresa do qual participa, e sua capacidade de aprendizado aumentará. Sua crença contagiará sua equipe, período muito importante da sua vida, por isso quero muito cuidado e atenção na escolha das imagens que representam seus sonhos a médio prazo.

Outro detalhe importante: sinta esses sonhos. Vá a uma concessionária e faça um *test-drive*; visite o bairro onde quer morar e entre em contato com um corretor de imóveis para conhecer seu futuro apartamento; tire fotos; vá à nova escola do seu filho; frequente as lojas nas quais você vai comprar roupas e eletrodomésticos; escolha o hotel dos sonhos e faça seus roteiros de viagens. Viva essa nova vida e a escolha das imagens, pois isso será essencial para seu *mindset*. Ao conquistar o primeiro jantar, tudo parecerá real e parte de um caminho, uma escada para o sucesso. E toda escada tem seu primeiro degrau!

1.3 Sonhos de longo prazo

Nesta etapa final, acrescente um terço de imagens relacionadas aos sonhos que ocorrerão de dois a cinco anos após o início de seu plano. Não desista. Assista a todos os vídeos do curso Sem Limites e aos filmes sugeridos, leia os livros e ouça os áudios propostos, além de praticar oito horas para cada hora de teoria e nunca mais faltar a nenhum evento ou treinamento da sua equipe e da sua empresa. Sua equipe é seu espelho, e todas as suas atitudes, positivas ou negativas, duplicam. Faça uma única vez, porém muito bem-feito, atento a todos os detalhes e com a expectativa no teto, porque é isso que se espera de um líder: acreditar e saber aonde ele vai chegar para me levar junto.

Escolha a vida dos seus sonhos, e não somente os bens materiais. Onde você gostaria de ler sua revista preferida daqui a cinco anos? Qual carro você teria se pudesse comprar qualquer um? Quantos teria? Qual o tamanho da sua casa? Teria uma casa na praia, no campo ou nos dois lugares? Quantas viagens por ano você faria? Qual seria sua rotina? Como seria ter o pin (qualificação) máximo da sua empresa e poder realizar o sonho de milhares de pessoas? Para realizar os sonhos de longo prazo, devem-se realizar os sonhos de curto e médio prazo, e somente você é o responsável por isso! Já pensou nisso? Quantas famílias felizes, filhos tendo melhor educação, casamentos plenos, tudo porque você tomou uma decisão e não desistiu, continuou mesmo com todas as condições adversas. Você entendeu a oportunidade e fez o que foi preciso. Para mim, esse sonho é o mais gratificante: ser o responsável por milhares de sonhos de curto e médio prazo e, assim, poder ter os seus de longo prazo. Nesse dia, tudo vai se conectar a cada dificuldade e você será parte de uma história que servirá de inspiração para que façam o mesmo e entendam por que estão passando por obstáculos. É um ciclo. Ao ver se tornarem realidade as imagens que hoje estão sendo acrescentadas ao seu quadro, você irá perceber a mágica desse hábito número 1, já conhecido por muitos empreendedores. Mudamos nossa vida de dentro para fora! Os exemplos de Quadro dos Sonhos a seguir são reais, os quais recebi de alunos do curso Sem Limites.

I·AM
RAINMAKER
QUADROdosSONHOS
QUE VOCÊ FARIA...SE GANHASSE MAIS POR MÊS?
CURTO PRAZO
ROUPAS NOVAS
US$ 1.000
CARRO DO ANO
US$ 10.000
ESCOLA E CURSO
US$ 100.000
MÉDIO PRAZO
PLANO DE SAÚDE FAMÍLIA
US$ 1.000
VIAGEM PARA O CHILE
US$ 10.000
RESIDENCIAL
US$ 100.000
LONGO PRAZO
WALT DISNEY
VIAGEM FAMILIAR
US$ 1.000
CASA NA PRAIA
US$ 10.000
US$ 100.000

2

COMPROMISSO

Todos querem ter sucesso na vida, porém só o alcança quem se compromete com a conquista.

Sem compromisso seus sonhos não valem de nada. Todos querem algo, ou sonham com uma vida melhor, porém somente aqueles que precisam se comprometem. Querer não é o suficiente! Poucos se dispõem a pagar o preço e, na maioria das pessoas, faltam motivação, coragem e endorfina suficiente no cérebro para encarar derrotas como aulas para o sucesso, além de entender que os erros não são definitivos e que vão errar cem vezes. Não entender esse conceito e não ter resultados em curto prazo é frustrante. Essas pessoas têm dificuldade de sair da zona de conforto, daquela vida em que só conhecem dor e suas limitações, pois já se acostumaram a isso. Seu compromisso maior não é com seus sonhos, mas com o medo da frustração e da opinião alheia.

Em um Quadro dos Sonhos há aquisições e lugares sem os quais podemos viver, com privações e menos conforto. No entanto, olhe seu Quadro dos Sonhos com cuidado e veja nele a liberdade de adquirir o que quiser, simplesmente porque você pode e aceitou o dom divino de ter o controle da sua mente para o fim que desejar. Neste momento, todas as coisas da Terra estarão ao seu alcance, seja para dar conforto a quem ama ou para satisfazer um desejo. Já que nascemos equipados para sermos plenos e felizes, por que não tentar até conseguir?

Firme aqui um compromisso com a liberdade, com a vida plena de poder ir a todos os lugares, ter tudo o que o ser humano pode produzir e experimentar a sensação de ser dono do seu tempo e da sua vida, vivendo-a de acordo com suas vontades e podendo se dedicar a ser feliz. Disso eu nunca vou desistir. E você? Então, vamos refletir e assumir alguns compromissos nos tópicos à frente.

2.1 Com você

Meu compromisso se transformou em determinação. Um dos segredos para vencer é este: não basta ter um compromisso, você deve ser determinado a vencer; ainda que seja uma decisão aparentemente irracional, deve seguir em frente, não importando o quanto pareça distante e impossível. Mesmo que todos o estejam chamando de louco, olhe para a frente, espelhe-se nos seus líderes, acredite na sua empresa e siga em frente, pois a maioria das pessoas não sabe nada a respeito de liberdade, determinação e vitória. Por essa razão, ouça apenas quem chegou aonde desejava ou está no mesmo caminho que você.

Todas as pessoas que são admiradas ou deixaram um legado, seja pela fortuna que construíram ou pela ideia de mudança e realizações que atingiram, eram muito determinadas, a ponto de morrer tentando realizar seus sonhos. Só perdemos quando desistimos; se tivermos persistência, não perderemos nunca.

Minha determinação foi irracional, pois tive muitas dificuldades: meu patrocinador era novo no negócio e sabia tanto quanto eu, pedi dinheiro emprestado para a adesão e tive que pagar a curto prazo, e as APNs eram realizadas a cem quilômetros de distância, assim como os treinamentos, os quais eram de muita qualidade e sempre muito bem pagos. Meus melhores amigos recusaram o negócio e minha família pedia para eu desistir daquela loucura.

Refletindo sobre todos esses desafios, tomei minha decisão. Resolvi largar minha faculdade e seguir a orientação do sistema da empresa dos top líderes; assim, nunca faltei a um treinamento e a uma APN, até conseguir. Sabe por quê? Ao olhar para o lado, vi muitos se formando para ganhar pouco e meu pai, um senhor de 52 anos, passando dificuldades. Ao fazer o que todos fazem, poderia acabar como 95% da população, então decidi nunca desistir. A vitória nesse negócio se resume a uma decisão de fazer sempre.

Muitos desanimam com um não, com objeções de amigos e parentes, mas dor real é ter que negar um presente ou uma escola melhor para seus filhos, um conforto aos seus pais e até para você, ao se privar de conhecer os lugares mais bonitos deste planeta, de ter aquela casa dos sonhos para sua família ou aquele carro. Eu preferi ouvir não dos perdedores e descrentes, até achar aqueles que pensam como eu. Optei por ser chamado de louco, ridicularizado e desacreditado por amigos e parentes, pois isso não era nada perante desperdiçar meu tempo e minha vida tendo que dizer não, todos os dias, às pessoas que mais amo, porque não fui capaz de vencer meus medos, de me comprometer com meus sonhos e ser determinado nas minhas decisões. Meu medo de ter uma vida igual à dos outros era muito maior do que meu medo de fracassar, pois entendi que o FRACASSO É UM EVENTO, E NÃO UMA PESSOA!

E você, entendeu isso? Ou vai culpar a empresa, o produto, o plano ou as suas limitações? Para cumprir esse hábito, seu compromisso com o resultado precisa ser maior que tudo, porque, se os líderes da sua empresa venceram, você também pode. No mundo há mais perdedores do que vencedores. Em qual lado você está? Qual mensagem quer passar para seus filhos, para as pessoas que você ama? Assuma um compromisso com a vida plena, gere uma âncora com a sua liberdade e o seu Quadro dos Sonhos. Para tornar aquelas imagens reais, não falte a um evento, estude e repasse os planos todos os dias até gerar volume. E, se doer, lembre-se do dia da sua decisão. A dor de uma vida normal com privações é constante, mas a dor do fracasso é momentânea, por isso tenha um compromisso com sua liberdade. Quando você vencer, todos lhe darão razão, usarão a sua história como exemplo e seguirão seus passos. Qualquer coisa vale a pena para viver esse dia e inspirar pessoas e gerações com uma história de sucesso. E aí, consegue assumir esse compromisso?

Então, comece agora! Ninguém gosta de ser liderado por alguém inconstante ou que está testando o negócio por um tempo. Quero que você reflita: a quantos treinamentos e APNs foi nestes últimos meses? Se a resposta for "fui à maioria", refaça sua agenda e cancele todos os seus compromissos. Reserve-se para a empresa e veja suas redes sociais para eliminar fotos de baladas, churrascos e tudo que mostre que você é desfocado e sem objetivos definidos. Crie a identidade de um indivíduo decidido e determinado para poder se comprometer com seus convidados e olhar no olho deles e dizer: "Garanto que vocês vão chegar ao topo com a única condição de nunca desistir". Faça tudo o que o sistema ensinar, pois quem não pensa em desistir consegue se comprometer a longo prazo. Essa transferência de certeza é tudo de que alguém precisa para desenvolver uma equipe. Foi assim que fiz com milhares de pessoas, e ainda continuo aqui, sem nunca desistir. Posso me comprometer, portanto, com meus recrutados.

Você pode participar de todos os eventos, passar planos todos os dias e criar sua identidade? Se a resposta for sim, metade do seu caminho está completo. Para que você se organize, use o Quadro de Compromisso, cujo modelo encontra-se a seguir. Refaça-o a cada sete dias e assuma os compromissos da semana com o seu negócio. O Quadro de Compromisso é como uma agenda, pois o ajuda a se organizar e a cumprir o compromisso com você.

Quadro de Compromisso semanal				
Sua declaração				
Segunda	Horário			
	Compromisso			
	Acompanhamento			
Terça	Horário			
	Compromisso			
	Acompanhamento			
Quarta	Horário			
	Compromisso			
	Acompanhamento			
Quinta	Horário			
	Compromisso			
	Acompanhamento			
Sexta	Horário			
	Compromisso			
	Acompanhamento			
Sábado	Horário			
	Compromisso			
	Acompanhamento			
Domingo	Horário			
	Compromisso			
	Acompanhamento			

2.2 Com sua família

Para ajudar no seu processo de decisão, envolva sua família no Quadro dos Sonhos, fazendo-a preenchê-lo também. Fale dos seus objetivos e incentive-os a assumir o compromisso de ajudar e apoiar o negócio. Fazer as pessoas que você ama e que farão parte dessas conquistas participarem do processo é essencial para reforçar seus propósitos e formar uma equipe dentro da sua casa, porque muitos desafios virão e em equipe tudo fica mais fácil. Se não consigo liderar minha casa, quiçá minha equipe. Se meu armário é desorganizado, minha vida está fora do lugar e minha equipe é indisciplinada. Tudo começa de dentro para fora.

Mudar a rotina não é fácil. Alguns gostam muito dela, como é o meu caso, porém já vi diversos casais se desentenderem pela falta de inclusão da família no novo círculo e na rotina social do MMN. Gostaria de salientar o quanto é importante o parceiro estar junto nesse processo. Já vi famílias que viviam bem com R$ 3.000, mas que começaram a brigar ganhando cinco vezes mais por um motivo simples: nos primeiros anos, o MMN cobra seu investimento em tempo, e ficamos mais com as equipes do que com aqueles que amamos. Quando estamos em casa, então, temos de fazer valer a pena, aproveitando com intensidade esse momento. O resultado, mesmo que pequeno, deve ser utilizado para melhorar a qualidade de vida e a liberdade de todos colherem os benefícios. Isso significa aproveitar a nova expectativa de resultados. Não priorize você e seus desejos. Se tiver uma família, ela deve estar em primeiro lugar para você continuar tendo o apoio para construir seu negócio.

Comece realizando os primeiros sonhos – podem ser jantares ou viagens curtas – e, quando ganhar o suficiente, saia do emprego para ter mais tempo e se dedicar ainda mais ao negócio. Dessa maneira, é possível mostrar um caminho a todos os seus familiares e amigos que não acreditaram em você, os quais verão o seu esforço e a sua crença de um ângulo diferente. A atenção de muitos outros será chamada e a lateralidade ficará cada vez mais fácil. O compromisso, portanto, é muito importante e eu diria essencial para aumentar sua equipe e fazer você ir ao topo, pois sem compromisso nem emprego podemos ter!

2.3 Com a equipe

O hábito do compromisso é a base de uma boa duplicação e retenção, pois tudo no MMN duplica, tanto o que você faz certo quanto errado. É primordial, então, ter um comprometimento sólido com sua equipe para ganhar na profundidade da rede, pois a maioria dos distribuidores irá se comprometer com suas equipes da mesma maneira e intensidade com que você se compromete com a sua.

Na prática, isso significa nunca faltar a um evento oficial, ministrar treinamentos todas as semanas à sua equipe e acompanhá-los diariamente até que suas primeiras linhas tenham equipe. Para isso, seria bem legal você tirar fotos de todos os seus acompanhamentos e ir montando um Quadro de Compromisso para visualizar, no fim da semana, do mês e do ano, a quantidade de *opens*,[1] treinamentos, participação nos eventos oficiais e acompanhamentos feitos. Isso quantifica seu compromisso e ajuda muito nos treinamentos com a sua equipe e com os novos que vão entrando toda a semana.

Quando a rede sente sua decisão inabalável, vê seu compromisso diário por meio do acompanhamento e da presença constante nos eventos, e ainda o conhecimento que você adquire estudando e praticando toda a semana, ela valoriza o seu esforço e se espelha em você para cadastrar novos distribuidores, porque a atitude de líder comprometido significa muito para quem está começando. Se tenho que me cadastrar com alguém nesse negócio,

---

1 Open: evento presencial.

que seja com a pessoa que está mais comprometida, com a crença mais elevada e que todos os dias aprende e pratica. Vou ter, então, orgulho do meu *up line*.

2.4 Com a empresa que você escolheu

Não existe empresa perfeita nem distribuidor perfeito. É importante que o distribuidor se adapte e compreenda que a empresa – se tiver um sistema de treinamento, pagar as comissões em dia, entregar os produtos e dispuser de gestão profissional – é o local onde ele realizará seus objetivos.

Um dos segredos para se comprometer é não priorizar somente o dinheiro para decidir em qual empresa você vai entrar. Entenda por que ela existe, qual o propósito da gestão, se possui sistema de treinamento com conteúdo prático, qual é o posicionamento da marca, a qualidade dos eventos e as pessoas que dela fazem parte. Se você desenvolver paixão, ganhará dinheiro! Em todas as empresas há pessoas com grandes cheques; o que faz isso acontecer é a paixão pelo conjunto!

Assuma um compromisso com a empresa, coloque a equipe em primeiro lugar e nunca alicie *cross lines*. Informações negativas somente sobem a seus *up lines*, então nunca reclame para baixo ou para o lado, pois sua insatisfação não é a de todos. Conheça a fundo todos os produtos manuais e estratégias e não troque sua empresa por outra somente por dinheiro, porque quem entra por dinheiro sai por esse mesmo motivo; quem se conecta com o propósito, gera retenção. E, o mais importante de tudo, seja o *up line* que você gostaria de ter!

2.5 Com seu legado

Legado é tudo o que fazemos em vida, o que ecoa no universo a nosso respeito. Nesse quesito, nossas ações contam, significando muito mais do que o dinheiro que ganhamos. Vamos a um exemplo simples. Se eu perguntar a algumas pessoas se elas conhecem Carl Laemmle, é provável que a maioria me responda que não. Esse empreendedor fundou uma das maiores empresas de entretenimento do mundo, a Universal Studios. Agora, se eu perguntar se conhecem Walt Disney, certamente 100% dirá que sim. E não é por causa da sua fortuna, mas pelo propósito, que resultou em um legado que até hoje impacta vidas. Ele não trabalhou por dinheiro, e sim para levar sua obra a todo lugar, cuja finalidade era proporcionar felicidade a milhões de pessoas, impactando suas vidas. Isso transcendeu sua morte e incentivou empreendedores em todo o mundo. Se você sonhar, é possível realizar. E impactar positivamente, mesmo a distância, deve ser o nosso objetivo.

Outro exemplo é Ayrton Senna. Nós não o admiramos pelo que ganhou, e sim por sua atitude, perseverança, comprometimento com a profissão e resultado e orgulho que suas vitórias nos traziam. A história nos mostra que pessoas comprometidas e decididas, que vivem por um propósito, deixam um legado, ao contrário daquelas que trabalham somente por dinheiro, algumas das quais acabam ricas, mas solitárias e desconhecidas, cujo exemplo não serve para fazer os outros progredirem.

Seu legado é construído por suas ações todos os dias. Como o mundo gira rápido no MMN, se você se preocupar com o propósito real de fazer o negócio acontecer, priorizando as pessoas, essa atitude vai produzir resultado e as histórias gerarão um legado de prosperidade. Todos vão querer saber o que você fez, e os que o cercam o admirarão. Nem a falta de resultado tira o poder de um legado, então, se você for fiel aos seus princípios e à sua crença e nunca desistir dos seus sonhos, ensinará uma lição aos que convivem com você. Estimule-os a fazerem o mesmo, motive-os a terem coragem de ir atrás dos sonhos.

Quer saber como nunca correr riscos no MMN e sempre ter uma equipe produtiva? Torne-se uma lenda, construindo histórias e indivíduos. Tenha como cultura que pessoas estão acima de números. Tome decisões, estabeleça rumos. Garanto que todos irão seguir seu exemplo e ser como você; neste dia, seu resultado será gigante. Assumir o compromisso com seu legado é garantia de uma vida extraordinária dentro da indústria do MMN.

3
LISTA DE CONTATOS

O ponto de partida é saber por onde começar uma ação. Para tanto, nada melhor do que ter em mãos uma lista de pessoas.

Após definir seus sonhos e seus compromissos, comece a desenvolver sua rede. O primeiro passo para isso é elaborar uma boa lista de amigos, a fim de recrutar aqueles que serão sua primeira linha e receberão todo o seu tempo e a sua atenção.

Hoje, todos nós temos muitos conhecidos nas redes sociais, na academia, no bairro em que moramos, na faculdade, no trabalho e na família, além de amigos dos amigos, o que poderia somar, no mínimo, novecentas pessoas. Eu vou explicar como. Há pelo menos trinta indivíduos entre amigos e conhecidos, e cada um deles tem mais trinta conhecidos. Se aprendermos a selecionar essas pessoas e a achar o perfil correto, 90% do sucesso da nossa equipe estará garantido.

Perfil é fundamental para a duplicação da equipe, principalmente se você é iniciante. Não estou falando aqui de pessoas com ou sem dinheiro, e sim daquelas que acreditam no que você acredita, que partilham do mesmo sistema de crença. Há quem esteja pobre e há quem é pobre. Não é fácil, para este último grupo, vencer medos e paradigmas, sendo necessária experiência para transformar a vida desse tipo de pessoa. Como nosso tempo é limitado, temos de gastá-lo com quem vai aproveitar e transformar em resultado a atenção dada.

3.1 O segredo da seleção (não julgar)

Para elaborar a lista de pessoas, gosto muito de indicar o livro *As sete leis espirituais do sucesso*,[2] porque uma dessas leis é não julgar, principal regra para uma lista de sucesso. Aqueles cujo resultado menos esperamos são os que nos surpreendem. O intuito aqui é inserir todos os nomes que vêm à mente e depois classificá-los de acordo com as três principais características a seguir.

1. Mente aberta

Em sua lista, dê uma nota de 1 a 3 para as pessoas no quesito "mente aberta", sendo 1 para pouco aberta e 3 para muito aberta. E o que significa isso?

Para definir se alguém tem mente aberta, avalie se tem visão, se gosta de novidades e se é um empreendedor que pesquisa sobre novos modelos de negócios. Geralmente, esse tipo de mentalidade gosta do novo e de modelos de negócios inteligentes, e está sempre aberto a ouvir oportunidades e novas ideias. Isso é tudo de que você precisa

2 Deepak Chopra. *As sete leis espirituais do sucesso*. Rio de Janeiro: Editora Best-Seller, 2009.

para dar o próximo passo: agendar um café ou convidar para ir a uma APN da empresa da qual faz parte.

Pessoas de mente aberta têm predisposição a estudar, conhecer o modelo e entender que um emprego tradicional que as mantenha em sua zona de conforto não as fará realizar seus objetivos de vida. Por esse motivo, o primeiro lugar na lista de convidados é ocupado por alguém que tenha mente aberta. Não apenas é mais fácil de cadastrar, mas a duplicação com esse processo se torna muito mais rápida, e nosso tempo mais valorizado. Como tendemos a nos relacionar com nossos iguais, a probabilidade de termos amigos empreendedores também é maior, e é assim que utilizamos as técnicas que vamos explicar nos próximos capítulos. Para mostrar as vantagens do MMN em relação às demais oportunidades do mercado, a chance de termos um novo líder conosco é muito grande.

2. Confiança

Confiança é um quesito essencial para o fechamento de alguém na equipe. A pessoa pode ter a mente aberta, porém, se não tiver confiança em você, não fechará negócio. E é importante, já que está iniciando o negócio, falar primeiro com aqueles que têm confiança no que você fala e faz. No momento do plano, o convidado buscará pontos para poder responder a uma única pergunta: "Posso confiar no que ele está falando?". Por esse motivo, se a pessoa que for prospectar confiar em você, será mais fácil aumentar sua equipe. Caso ela não o conheça, a confiança pode ser estabelecida pela maneira como você fala, se veste, e como apresenta o plano e as provas sociais da empresa que está desenvolvendo. Tudo isso pode ser concretizado com uma visita à empresa ou em um treinamento ou APN de muita qualidade. Da mesma maneira, então, avalie cada um com uma nota de 1 a 3 para o quesito confiança.

3. Condição financeira

Este ponto de avaliação tem de ser bem entendido, etapa em que você não deve procurar apenas por pessoas abastadas financeiramente, uma vez que, independentemente da condição financeira, o indivíduo deve possuir perfil habilidoso para fechar negócios. Assim, seja a pessoa com muito ou aquela com pouco dinheiro, é necessário que ela apresente essa habilidade.

Por se tratar dos primeiros passos, aqueles em que é necessário qualificar seus amigos e familiares, busque quem tem a mente aberta e confia no que você diz, quem possui algum capital ou tenha como conseguir esse dinheiro; assim, a dificuldade ou as objeções serão menores, já que você está no início, ainda não ganhou nada e não pode ajudar a sua equipe. Por essa razão, pessoas com capacidade financeira na primeira geração ajudam muito na duplicação e na agilidade do fechamento e da permanência nos eventos e na ativação mensal. Qualificar a lista e a condição financeira de seus convidados, portanto, é muito importante.

"E as pessoas que eu não conheço? E as que não têm condições, mas têm mente aberta e confiam em mim?", você deve estar se perguntando. Se você não sabe, classifique-as com nota 2 e vá em frente com o plano, dando-lhes soluções e acompanhamento. Se alguém tem a mente aberta e confia em você, acredite em mim, vai arrumar o dinheiro, pelo menos para o cadastro. No entanto, não será fácil se manter ativo, ir aos eventos e até convidar outras pessoas, porque geralmente aqueles com muita dificuldade financeira têm pouca credibilidade com amigos e parentes e podem estar devendo, complicadores que dificultam o crescimento. Se você tiver como ajudar – passando plano, mostrando seu resultado e transferindo conhecimento e credibilidade, emprestando livros e dando-lhe carona ao evento –, o caminho será mais fácil.

Esse é um negócio em que ajudamos pessoas, porém temos que fazê-lo com quem quer ser ajudado e está preparado para uma oportunidade. Assim que o resultado aparecer para você, a mente de muitos se abrirá e será possível ajudar quem tem a mente aberta e confia, mas não tem dinheiro. Antes, porém, você deve gerar resultado, portanto acredite nesses pontos qualificadores.

Não perca mais tempo e não julgue ninguém. Agora que você tem os nomes em sua lista, faça como nos itens anteriores: qualifique-os de 1 a 3 para a condição financeira deles. Veja os mais pontuados e siga as orientações do hábito número 4, escrito por Abdias Andrade e explicado em vídeo, o qual você pode acessar pelo seguinte *link*: <www.cursosemlimites.com.br>.

3.2 Dinâmica com a equipe

Proponha exercícios à sua equipe, os quais você pode fazer na sala de treinamento para que todos entendam como devem proceder com seus novos *down lines*. Isso é dinâmica. Vamos tratar aqui da dinâmica de fazer a lista, cujo objetivo é colocar o máximo de pessoas nela sem o prejulgamento tradicional que todos fazemos. Para tanto, será aplicado algo divertido e que não dará espaço para julgamentos ou pensamentos.

Peça a todos que peguem papel e caneta. Você lhes dará um minuto para que escrevam trinta nomes. Conte até três, coloque música alta na sala e permaneça com o microfone ligado, dando-lhes dicas e perguntando: "Qual é o nome do seu melhor amigo, vizinho, corretor de seguros, *personal trainer*, professor de inglês, cunhado, sogro, corretor de imóveis, dentista, vendedor do seu carro? Algum João, Jorge, Maria, Luiz, Vitor...?". Não dê tempo para que pensem.

Depois de escritos os nomes, dê-lhes de um a cinco minutos para qualificarem a lista. No próximo hábito, poderão seguir a dinâmica do convite e convidar algumas dessas pessoas ao vivo!

3.3 Como aumentar a lista todos os dias

Sua lista tem de aumentar todos os dias. Para tanto, seja um recrutador de talentos em tempo integral e utilize todas as técnicas do capítulo seguinte. Tenha sua lista sempre à mão ou no celular, porque há diamantes escondidos em todos os lugares. Aprenda a achá-los. Foque em pessoas, aprenda cada vez mais a aperfeiçoar sua intuição em reconhecer o perfil de que precisa na equipe.

Todos os dias, encontramo-nos com dezenas de pessoas, assim como toda a nossa equipe. Perceba, então, que um indivíduo que não aumenta sua lista pelo menos em um nome, todos os dias, não está focado no negócio, ou sua ficha ainda não caiu sobre como deve agir como um recrutador de talentos.

4

AGENDAR E CONTATAR

Quem convida vende, quem recruta seleciona. Essa é a máxima para se entender o conceito de convite.

A primeira atividade a se fazer ao iniciar carreira na indústria do MMN é entrar em contato com seus amigos da sua lista quente. Acredito fielmente que, se utilizar um método correto, simples e eficaz para recrutar os amigos, esse primeiro contato será responsável por 70% do fechamento de um novo distribuidor em sua equipe.

O caminho que o trouxe até aqui não é o mesmo que o levará adiante, então seja uma pessoa humildemente ensinável. Não importa se você tem ou teve sucesso em outro segmento, pois o MMN é um mercado completamente diferente e fora do convencional.

A maioria dos iniciantes no MMN sente-se insegura para recrutar os amigos. Por ser um mercado novo, as pessoas costumam recear as críticas e os julgamentos, desconhecem o que se deve dizer quando alguém apresenta uma objeção e ficam apreensivas no momento de fazer o convite. Criam-se, portanto, diversas barreiras que só estão na cabeça do iniciante na indústria do MMN, que acredita precisar convencer os amigos ou vender uma grande oportunidade.

Dessa premissa, tire a primeira lição: a finalidade de se construir uma lista de contatos é SELECIONAR e PATROCINAR, e não CONVIDAR para VENDER, pois quem convida vende, e quem recruta seleciona.

Pense comigo: ao patrocinar um novo distribuidor em sua equipe, a maior parte do valor investido por ele no kit da empresa não ficará em suas mãos. Você ganha uma pequena parcela do que se investiu no cadastro, porém o maior investimento é seu, porque, ao patrocinar essa pessoa, você disponibilizará seu tempo com treinamento e acompanhamento e, muitas vezes, precisará agir como um psicólogo. Por esse motivo, você está em um processo de selecionar para patrocinar. Ao ter consciência dessa posição, sua atitude e sua postura serão outras na hora do contato.

Antes de aprender as técnicas para recrutar, você precisa ter o *mindset* correto, ou seja, a postura de um patrocinador. Imagine-se como um grande empresário cujo projeto se tornou realidade, proporcionando-lhe liberdade financeira, reconhecimento, prêmios incríveis, viagens, plano de carreira e, o mais importante, liberdade. Você elaborou uma lista de pessoas – com nome, telefone, perfil etc. – que serão agraciadas por essa oportunidade, e você marcará um encontro com cada uma dessas pessoas para apresentar-lhes o projeto e a oportunidade. E ainda existe toda uma estrutura para afirmar tudo que você irá mostrar. Quero que você mentalize exatamente isso.

O objetivo do seu contato é muito simples: marcar um encontro com um propósito. Muitas vezes, o novo distribuidor faz um convite sem nenhuma finalidade; quando se dá conta, seu amigo está em uma apresentação de negócios ou sentado em algum café sendo apresentado ao plano por alguém. Ou seja, em vez de recrutar, você terá de convencê-lo ou vender uma oportunidade.

Para conseguir um bom sim durante o recrutamento, reforço aqui a importância de se procurar indivíduos com a mente aberta e poder de decisão. Eles, muitas vezes, podem não ser os seus melhores amigos ou não estarão em sua lista quente pessoal, mas lembre-se: a pessoa certa (você) não se importa com o não das pessoas erradas (convidados que não entraram). Já dizia o empresário mais rico da história, John D. Rockefeller: "Mostre-me um homem ou mulher decidida, que eu lhe mostro uma pessoa de sucesso".

Antes de entrar em contato com os nomes de sua lista, porém, leia as dicas a seguir, as quais são de suma importância para o sucesso do seu recrutamento.

4.1 Quem convida vende, quem recruta seleciona

- Tom de voz indica confiança ou insegurança. Mantenha a voz firme e direta, e não tenha medo de perguntas dos seus contatos.

- Você precisa ser breve no contato. Lembre-se de que você não está ali para vender ou convencer. Um convite bem-feito dura no máximo um minuto.

- Tenha a convicção de que você está selecionando, e não convencendo.
- Sempre que puder, faça a ligação de pé e andando para estimular a circulação sanguínea no seu cérebro, assim você será capaz de pensar e responder muito mais rapidamente do que se estivesse sentado; quando estamos em estado de repouso, nossa circulação fica mais lenta, então se movimente para melhorar seus estímulos.
- Não tenha medo do não. Ouviu um não? Passe para o próximo. Você precisa de alguém, mas isso não quer dizer que esse alguém estará em sua lista ou será um de seus amigos mais chegados.
- Vista-se com a sua melhor roupa para entrar em contato com as pessoas. Adote a postura, o tom de voz, a autoestima de alguém que já chegou ao topo de sua empresa. Um bom marketing pessoal tem o poder de nos trazer autoestima e atitude positiva.
- Se a pessoa for casada, é importante marcar com o casal.
- Se você levar seu *up line* para mostrar o plano, edifique-o para criar um link de relacionamento.
- Para valorizar a pessoa, sempre utilize a sentença mágica: “Me lembrei de você”.
- Dê sempre duas opções de dia e de horário para marcar o encontro.

4.2 Convite quente

Você pode seguir este *script* para fazer o recrutamento com sua lista de amigos:

> **Você:** Olá, João, tudo bem?
>
> **João:** Tudo, e com você?
>
> **Você:** Comigo está tudo maravilhosamente bem!

Nesta hora, você precisa falar de uma forma motivada para despertar curiosidade.

> **João:** Estou com um pouco de pressa, porque vou entrar em uma reunião...
>
> **Você:** Mas não poderia deixá-lo fora dessa, amigo! Preciso me encontrar com você para falarmos sobre um novo negócio que estou desenvolvendo. A empresa me orientou a selecionar cinco dos meus melhores amigos, os mais empreendedores, inteligentes, decididos e com vontade de vencer. Na hora, eu me lembrei de você. Estou enganado de pensar isso de você?
>
> **João:** Não. Mas do que se trata?
>
> **Você:** Vou falar sobre alavancagem, mercado de economia compartilhada e plano de carreira. Qual é o melhor dia, segunda-feira ou terça-feira?
>
> **João:** Terça-feira.
>
> **Você:** Na parte da manhã ou na parte da tarde?
>
> **João:** Da tarde.

Você: Ok, então às quinze horas eu encontro você no local "X".

Pode acontecer de o seu amigo ou convidado fazer a seguinte observação:

João: Mas é pra falar sobre a empresa "X"?

Você: Por quê? Você já ouviu falar sobre a empresa "X"? Conhece algo sobre a empresa "X"?

João: Sim! Esse negócio de venda de produtos, indicação de pessoas etc. não tem nada a ver comigo.

Você: Está completamente enganado! Você é o tipo de pessoa que vai pela opinião dos outros, ou você tem personalidade e forma uma opinião baseando-se no que de fato conhece?

Sempre responda uma objeção com outra pergunta. Nunca bata de frente ou afirme uma opinião.

4.3 Convite frio

A lista de convidados é infinita. Neste exato momento, há milhões de pessoas nas ruas em busca de uma oportunidade e outras que querem e precisam dela, mas nem sabem onde a buscar.

O objetivo de um recrutador de talentos é encontrar esses indivíduos e despertar neles o desejo de mudança, pois a maioria deles quer algo maior para a vida. Para conseguir atraí-los, considerando-se que não o conhecem e, por isso, não confiam em você, **tenha uma personalidade atraente**. Isso é inevitável. Tudo começa com a sua atitude e com um excelente marketing pessoal, porque é por meio deste que você construirá sua identidade, aliada a consistências. Alguém bem-vestido sempre atrairá a atenção ao seu redor, pois a realidade é que se julga pelo exterior. Seguindo este primeiro passo, você ganhará credibilidade, segurança e confiança. Aquilo que você fala representa apenas 8% da comunicação; os outros 92% são decorrentes de sua linguagem corporal e de seu marketing pessoal.

Seja uma pessoa interessante, e não interessada. Para tanto, informe-se, leia, conheça muito bem o mercado em que a sua empresa atua, fale sobre alavancagem e mercado de economia compartilhada. Não adianta fazer parte de uma indústria e de um mercado milionário com atitude e pensamento de centavos. Lembre-se: por meio da sua atitude e de seu conhecimento, atrairá e despertará pessoas que acreditam naquilo que você acredita.

Estando muito bem-vestido e bem informado, é a hora de impactar com seu conhecimento e sua atitude. "Mas como? O que devo falar?", você deve estar se perguntando.

Você deverá mudar de atitude e de pensamento quando se cadastrar em uma empresa de MMN. Suas decisões o trouxeram até aqui, mas, a partir de agora, é preciso adotar um olhar e uma postura de vencedor, porque alguém de sucesso não se mede pelo que possui na conta bancária, mas por suas crenças e por uma atitude positiva e empreendedora.

Você agora é um recrutador de talentos e deve estar sempre preparado para recrutar pessoas especiais. Não é possível saber onde estão os diamantes brutos. Pode ser em um restaurante, uma loja de roupas, um posto de gasolina, na farmácia, no supermercado.

Observe o exemplo a seguir. Por meio dele, você poderá despertar a curiosidade nas pessoas e recrutá-las, criando oportunidade para a oportunidade. Essa técnica funciona com qualquer um, de qualquer profissão ou classe social. (Não se esqueça de estar sempre muito bem-vestido.)

Imagine que você está em um restaurante, cujo garçom (ou *maître*) frequenta o melhor restaurante da cidade, ganha bem, tem perfil e condições para adquirir o kit da sua empresa e se manter no negócio. Esse garçom o tratou muito bem e dispensou-lhe um belo atendimento. O que você deve fazer?

> **Você:** João, parabéns pelo atendimento. Você realmente me surpreendeu com sua atitude.

Sempre trate as pessoas pelo nome, pois isso demonstra respeito, educação e autoridade.

> **João:** Muito obrigado.
>
> **Você:** João, eu não sei o quanto você ganha aqui, mas, com essa atitude na minha empresa e fazendo o que eu faço, certeza de que você não ganharia menos que 15 mil reais a mais por mês em, no máximo, um ano.

Aqui, você precisa estar sorrindo, olhando nos olhos da pessoa e motivado para despertar a pergunta seguinte e a curiosidade do seu ouvinte.

João: E você trabalha com o quê?

Você: Eu sou um recrutador de talentos, João. Eu identifico pessoas especiais e as recruto para trabalharem com alavancagem e mercado de economia compartilhada. Para uma empresa prosperar e crescer de forma sólida e sustentável, são necessárias pessoas com talento e empreendedoras, não é verdade?

João: Claro.

Você: João, deixe eu lhe fazer uma pergunta, cuja resposta estou curioso em saber: você se considera uma pessoa empreendedora e que tem sonhos? Porque eu gostei de você.

João: Sim... Ou melhor, eu acho que sim.

Você: Então, se eu abrir um horário na minha agenda entre amanhã e depois para lhe fazer uma entrevista de negócio e saber se de fato minha intuição em relação a você está correta, qual seria a sua atitude? Você tem vontade de vencer?

João: Eu gostaria de conhecer, mas do que se trata?

Você: Vou falar sobre alavancagem, mercado de economia compartilhada e plano de carreira. Qual é o melhor dia: amanhã ou depois de amanhã?

João: Pode ser amanhã.

Você: Na parte da tarde ou da noite?

João: Na parte da noite.

Você: Ok. Então depois de amanhã vamos sentar e conversar sobre alavancagem e empreendedorismo e, se você for uma pessoa de visão como eu estou achando que é, podemos fazer bons negócios juntos.

A segunda técnica para fazer contato frio funciona bastante, momento em que você usa o mesmo *script* inicial, mas já informa o valor do kit da sua empresa, bem como os benefícios, e faz sua seleção. Imagine o mesmo cenário do exemplo anterior, lembrando que essa dica funciona em qualquer ocasião.

Você: João, parabéns pelo atendimento. Você realmente me surpreendeu com sua atitude.

Lembre-se de sempre tratar as pessoas pelo nome.

João: Muito obrigado.

Você: João, eu não sei o quanto você ganha aqui, mas, com essa atitude na minha empresa e fazendo o que eu faço, certeza de que você não ganharia menos que 15 mil reais a mais por mês em, no máximo, um ano.

Aqui, você precisa estar sorrindo, olhando nos olhos da pessoa e motivado para despertar a pergunta seguinte e a curiosidade do seu ouvinte.

João: E você trabalha com o quê?

Você: Eu sou um recrutador de talentos, João. Eu identifico pessoas especiais e as recruto para trabalharem com alavancagem e mercado de economia compartilhada. Para uma empresa prosperar e crescer de forma sólida, são necessárias pessoas com talento e empreendedoras, não é verdade?

João: Claro.

Você: João, deixe eu lhe fazer uma pergunta, cuja resposta estou curioso em saber: você se considera uma pessoa empreendedora e que tem sonhos? Porque eu gostei de você.

João: Sim... Ou melhor, eu acho que sim.

Você: João, você acha que ganha o que merece? [99,9% das pessoas dizem que não.]

João: Não.

Você: Por falta de capacidade ou de oportunidade?

João: De oportunidade.

Quando ele responder isso, é a hora de você brilhar com sua atitude: olhe-o nos olhos sempre sorrindo, motivado.

Você: Então vou lhe fazer uma pergunta que vai decidir se continuarei esta conversa com você ou não. Imagine se você tivesse a oportunidade de ter um negócio próprio. Se por 2 mil reais [você informa o valor do kit da sua empresa] você tivesse suporte, treinamento, plano de carreira, produtos, prêmios e viagens, não precisasse largar seu emprego de momento e ainda pudesse trabalhar e ajudar as pessoas que mais ama, qual seria sua atitude diante dessa oportunidade?

João: Eu abraçaria essa oportunidade.

Você: Então, se eu abrir um horário na minha agenda entre amanhã e depois para lhe fazer uma entrevista de negócio e saber se de fato minha intuição em relação a você está correta, qual seria o melhor dia: amanhã ou depois de amanhã?

João: Amanhã, mas do que se trata?

você: Vou falar sobre alavancagem, mercado de economia compartilhada e plano de carreira. Então, amanhã na parte da tarde ou da noite?

João: À noite.

Você: Ok. Então amanhã, no local "X", encontro você às 20 horas.

Lembre-se: você precisa ter metas diárias de contatos e apresentação do plano da sua empresa, porque quem não bate metas bate palmas.

4.4 Convite quente ou frio com *down line*

Todo novo distribuidor, quando patrocinado, é igual a um bebe recém-nascido: vem sem informação e é muito inseguro, principalmente quando se trata de falar com os amigos; além disso, comete o erro de tentar convidar em vez de recrutar e convencer para que conheçam seu negócio, e prejulga muitas pessoas. É muito importante que você, já sabendo disso, quando patrocinar alguém, faça o acompanhamento, principalmente para convidar o novo distribuidor. Quando ele o faz sozinho, além de estar inseguro e com medo, fala o que não deve, tenta vender por telefone e, ao escutar um não, desanima e para de contatar. O seu acompanhando o deixará motivado, seguro e confiante, e você vai construir sua liderança pelo exemplo. Esteja ao lado de seu amigo nas primeiras ligações e ele fará o mesmo com os futuros *down lines*.

Para fazer o recrutamento com o seu *down line*, você pode se basear nas dicas a seguir:

- O primeiro contato quem faz é o seu *down line*, evidenciando o patrocinador ou a pessoa que mostrará o plano (MOP).
- O patrocinador que fará o convite precisa ter uma voz firme e leve, boa energia e atitude.
- Sempre deixe o futuro convidado curioso e com expectativa, pois todo curioso tende a ter a mente aberta e receptiva a novas informações.
- Seja breve para não agir como um vendedor de telemarketing.
- Sempre diga a frase mágica: "Eu me lembrei de você".

Um exemplo de convite ao seu novo *down line* pode ser o seguinte:

> ***Down line:*** Olá, João! Tudo bem, amigo?
>
> **João:** Tudo, e com você?
>
> ***Down line*:** Tudo maravilhosamente bem [fala forte e motivada para despertar curiosidade]. João, vou ser breve, amigo. Estou aqui com meu líder da

empresa da qual estou fazendo parte. Falei bem de você e ele quer conversar por um minuto. Ok?

João: Ok.

Patrocinador: Olá, João, bom dia [boa tarde ou noite]. Tudo bem? João, eu me chamo "X" e serei breve, porque estou em reunião com o seu amigo José (*down line*). João, estava aqui conversando com o José, falando sobre alavancagem, renda compartilhada e plano de carreira. Perguntei se ele conhecia alguém com atitude, poder de decisão, inteligente e que, acima de tudo, mereça estar entre nós. Na hora, ele se lembrou de você! José está enganado em pensar isso a seu respeito?

João: Não, ele está correto.

Caso ele diga que não, é a pessoa com o perfil que você procura.

Patrocinador: Ótimo! João, eu sou um recrutador de talentos e adoro conhecer pessoas com esse perfil. A nossa companhia está crescendo em todo o país, e você sabe que para uma empresa crescer com qualidade ela precisa de pessoas com talento, não é verdade? Por isso, gostaria de marcar um café com você para conhecê-lo melhor e saber se de fato a impressão do José a seu respeito está correta. Qual é o melhor dia para nos conhecermos melhor, na segunda ou na terça?

Sempre dê duas opções de dia e horário.

João: Mas do que se trata?

Patrocinador: Vou falar sobre alavancagem, renda de economia compartilhada e relacionamento humano.

A partir de então, você pode agendar um encontro para apresentar o plano da sua empresa.

A ideia do contato só tem um objetivo: **marcar um encontro com um propósito**; por isso, não dê muitas informações na ligação. E lembre-se de algo muito importante: **não é o que você fala, mas como você fala**. Seja a pessoa interessante, e não o interessado.

5

PASSAR O PLANO E A APRESENTAÇÃO DE NEGÓCIO (APN)

O que move o mundo são as perguntas, e não as respostas.

5.1 Método de entrevista para passar o plano

No Multinível, lidamos com pessoas e temos que ser especialistas nesse quesito, porém, quando falamos em técnicas, é preciso que sejamos excelentes em três atividades: i) vender convites para eventos; ii) agendar planos e passar planos; e, lógico, iii) dominar técnicas duplicáveis!

Se você souber passar o plano com a técnica de recrutamento, mudará seus resultados e gerará uma velocidade nunca antes vista na sua equipe.

Vender é sempre um processo de convencimento, no qual apresentamos os benefícios do produto e da oportunidade. Para tanto, mostramos o que ganhamos, ou o que podemos ganhar, bem como todas as possibilidades, as características da empresa e do produto. No entanto, muitas dúvidas podem surgir: "Mas alguém convencido consegue duplicar? Se ele não usou sua vontade plena e seu livre-arbítrio para entrar no negócio, o fará com o coração? Uma pessoa que foi convencida sonhando em somente ter ganhos financeiros e sem propósito será persistente? E que tipos de sentimento irá propagar? Se após meses ou anos nada acontecer, ela vai me culpar? Como adivinhar o que vai acontecer? E se essa pessoa começar a reclamar, eu terei mais ou menos vontade de ajudá-la? No fim, eu a culparei por ser uma fracassada, fraca ou desistente, afinal lhe dei a oportunidade e ela não aproveitou?". Você convenceu e prometeu somente com o interesse de cumprir sua meta e colocar mais um para dentro?

A retenção vai embora e desperdiçamos nosso tempo ao selecionar as pessoas erradas! Mas como saber quem é a pessoa certa? Usando a técnica de entrevista e recrutamento erramos menos, porém mesmo sem perfil a pessoa selecionada não o consegue culpar, pois conseguimos ajudá-la a chegar a essa conclusão pelas suas próprias palavras. Pelo menos ela quer tentar, e também ficam claras as intenções, e isso é excelente para a duplicação e continuidade do processo de montagem da equipe.

A técnica de entrevista e recrutamento para passar o plano faz de nós especialistas em perguntar e ouvir, em vez de falar e convencer. Queremos descobrir o perfil da pessoa que está à nossa frente e, por meio das respostas às nossas perguntas, fazê-la tomar uma decisão. Ao mesmo tempo, identificamos seu perfil e mostramos um propósito, o porquê de entrar no negócio, algo maior que carros, casas ou viagens. Algo como liberdade. Eu posso desistir de um carro em que nunca andei, de uma casa na qual nunca morei ou de uma viagem que nunca fiz, mas, se entendo que posso ter um propósito maior na minha vida – como liberdade para fazer o que quiser, trabalhar em equipe com pessoas parecidas comigo e explorar minha capacidade –, nunca desisto, pois propósito é maior que bens materiais. E, obviamente, por meio da mentalidade correta e de técnicas duplicáveis vou alcançar as metas materiais.

A técnica de entrevista tira a pessoa do estado automático em que ela vive. Com as perguntas certas, nós a fazemos responder ao que quer, ao que acredita e ao que pensa ser melhor para ela, talvez em parâmetros que nunca tenha refletido antes. A maior diferença é que não tentamos convencer quando há objeções; ao contrário, os questionamentos são predeterminados, cujas respostas fazem nosso entrevistado tomar uma decisão baseada em suas crenças e virando chaves sobre sua vida e seu *mindset*!

A maioria das objeções que alguém pode nos fazer durante a entrevista estão neste capítulo, para as quais temos sempre outra pergunta a fim de que ele mesmo responda!

A técnica de entrevista faz que o indivíduo responda de acordo com o que está dentro dele. Sem saber, você dá a ele argumentos e o ensina a pensar no porquê de tomar aquela decisão. É um processo natural, pois você o está colocando no sistema de treinamento.

Como disse Napoleon Hill, algumas pessoas nascem biologicamente diferentes, têm mais autoestima e endorfina, não precisam ser aceitas e encaram o fracasso como uma aula para o sucesso. Em contrapartida, existem aquelas que se sentem presas e querem uma solução para sua vida; quando assistem à oportunidade se encantam, mas, ao decidir sair da zona de conforto, vêm à tona o condicionamento ao fracasso e as crenças limitadoras. Nós até podemos convencê-las momentaneamente, porém, se o resultado não vier, elas voltam com mais força ao estado anterior, reforçado pelos amigos ou familiares fracassados.

Quando tentamos convencer, damos à pessoa o poder de dizer não; quando entrevistamos, temos o poder de aceitá-la ou não na equipe, afinal teremos de investir nosso tempo nela e saber se tem o perfil que buscamos e se é capaz. Construímos, assim, uma equipe cujos participantes têm a mesma crença e o mesmo perfil, tornando mais fácil seu crescimento, engajamento e entrosamento, já que não compraram nada nem foram convencidos. Ao contrário, estão ali porque escolheram, foram selecionados, demonstraram habilidades, vontade e decisão de fazer aquele trabalho pelo tempo que for necessário. Esse ambiente positivo contagia, e os melhores puxam os demais.

Não é importante aqui o perfil financeiro; meus melhores líderes, por exemplo, vieram de baixo. Quando eu entrevistava, porém, procurava aqueles com o mesmo perfil que o meu, independentemente de sua condição financeira; assim, descobri muitas pessoas que estavam pobres, mas que não eram pobres. Essa é a grande diferença!

Seu tempo é limitado, então em quem você vai querer investir? Essa é a pergunta principal ao passar o plano, pois você não ganha muito quando ele entra; não muda nada. Você ganha quando ele duplica, e pessoas com perfil certo duplicam mais rápido e somam com a equipe!

Mais adiante, cada situação será detalhada; por último, serão listadas todas as perguntas que temos de fazer em resposta a cada objeção. Conforme dito no começo deste capítulo, o que move o mundo são as perguntas, e não as respostas.

5.1.1 Algumas instruções para começar a passar o plano

Esteja com o Formulário de Entrevista em mãos (conforme descrito no Capítulo 6, no Módulo 3, do curso on-line) ou com uma folha em branco e uma caneta para anotar as respostas das perguntas que vamos ensinar. Escreva os números do mercado da empresa, e os ganhos com os produtos e com os bônus do plano de marketing à medida que você vai passando o plano, assim você pode dar esse papel à pessoa selecionada para que ela possa refletir sobre as próprias respostas e sobre a oportunidade. Esse formulário pode ser usado como âncora futura em caso de desistência. Importante não fazer apresentações em Power Point em tablets ou notebooks o tempo todo, pois mostra falta de conhecimento e transforma a conversa em um monólogo; use os dispositivos eletrônicos como apoio para mostrar produtos, informações da empresa, o desenho das redes e partes importantes do plano caso você não se lembre de todos os detalhes. Lembrando que, se seu convidado não é do MMN, não detalhe o plano, apenas passe os principais bônus e explique de maneira didática, e, após o fechamento, você marca um treinamento para detalhar o plano quando tiver passando o hábito número 5 do treinamento dos 8 Hábitos.

5.2 Passando o plano para contato quente

"Como entrevistar um amigo?", muitos perguntam. Por ser amigo, é ainda mais importante que não o convença, que faça perguntas e o inspire a segui-lo se tiver a mesma vontade, necessidade e visão que você. Não adianta, portanto, "vomitar" a respeito dos "maravilhosos produtos", da "maravilhosa empresa" ou sobre quantos estão ficando milionários nesta oportunidade.

Mágica que você descobriu, e ele não!

Por mais que sejam conhecidos ou amigos, sua postura, sua atitude e seu marketing pessoal farão muita diferença. Ao demonstrar mudanças de comportamento e atitude, a evolução será visível, e ninguém gosta de ficar para trás! Lembre-se: o que ele vê é mais importante do que aquilo que você fala, e sentir sua crença refletida em seus atos fará toda a diferença.

Quando se encontrar com seu amigo, pergunte a respeito dele, da família dele, de viagens e trabalho. Ao falar sobre a oportunidade, mencione primeiro o seu "porquê", ou seja: liberdade para aproveitar a vida. Diga o seguinte:

> **Você:** Eu estava cansado de não ter tempo para minha família e de ganhar o que não mereço. Estava à procura de uma oportunidade e de fazer algo que me desse motivação e propósito, e que extraísse o

máximo da minha capacidade. E acabei encontrando! Conheci a empresa, o sistema de treinamento e descobri ganhos excelentes. Eles me pediram para procurar sete pessoas empreendedoras a fim de montar uma equipe de novos empreendedores. E eu me lembrei de você como um dos primeiros da minha lista! Estou errado em ter me lembrado de você?

Em caso de ele se considerar empreendedor, continue:

Você: Já ouviu falar de mercado de economia compartilhado?

Se ele disser que não, explique o que é segundo o vídeo do nosso canal do YouTube, acessado por meio do seguinte link: https://tinyurl.com/yaozasyc. Após ele entender o seu porquê e o conceito, diga que apenas 5% das pessoas no mundo são economicamente independentes. E então pergunte:

Você: Sabe o que essas pessoas fazem?

Seu amigo: Não.

Você: Bom, 99% delas trabalham com alavancagem. Você sabe o que é? Não? É simples! Quem tem uma farmácia, uma loja de roupas ou um supermercado é rico? Não? Mas e se essa pessoa é dona de uma rede de farmácias, uma rede de lojas de roupa ou uma rede de supermercado? Lógico que sim, ela é rica. Então onde está o segredo? Sim, na rede! Mas para ter uma rede, seja de empresas ou de funcionários, precisamos de experiência, *expertise* e capital. Por isso, 95% ficam de fora da regra de jogo. Eu descobri uma maneira de fazer uma rede com pouco capital, com um sistema vitalício de treinamento para dar experiência e com *expertise* fornecido pela empresa. Quer saber como funciona?

Se a resposta for sim, puxe a ficha de entrevista e faça as perguntas. Depois, apresente a empresa, o produto e o plano simplificado, usando o computador apenas para mostrar algum detalhe, e sempre anote tudo em um papel, mostrando conhecimento e habilidade.

Por essa razão é tão importante se preparar e assistir à sua linha ascendente passar o plano, ou passar os primeiros com seu *up line*. Se não for possível, assista à nossa aula no Módulo 3 do curso on-line.

Após mostrar o seu porquê e explicar sobre mercado de economia compartilhada, produto, empresa e plano, e caso ele tenha entendido tudo, tenha se motivado e possua o perfil, siga para o fechamento. Haverá objeções, logicamente, e a cada uma delas você terá que responder com outra pergunta, para fazer seu entrevistado pensar e tomar uma decisão com base em crenças para gerar retenção.

Em caso de fechamento, seja com pagamento imediato ou que irá ocorrer nos próximos dias, em virtude de cartão ou de algum empréstimo, marque o treinamento dos primeiros 4 hábitos nas próximas 48 horas, e peça para que a pessoa não faça nenhum convite ou fale do negócio até receber o primeiro treinamento. Conecte seu convidado no sistema mesmo antes de concluir o pagamento, pois, com a decisão tomada e o treinamento em andamento, é mais difícil ele ter medo, dúvidas e preconceitos.

5.3 Passando o plano para contato frio

Se você seguiu os passos de convite frio, é um recrutador de talentos e abriu um espaço na sua agenda para saber se a pessoa em questão é qualificada para fazer parte da sua equipe. Ela não o conhece, portanto a maneira como você está vestido, seu tom de voz, seu conhecimento, sua segurança e habilidade darão credibilidade ao projeto desenvolvido. Pratique e se olhe no espelho antes de sair, perguntando-se se o indivíduo do espelho o cadastraria.

No caso do contato frio, comece com a ficha de entrevista e apresente ao seu contato a renda e os sonhos. Pergunte como ele espera realizar aqueles sonhos com aqueles ganhos e qual é o plano dele. Por volta de 90% das pessoas não sabem o que responder, então você vai até a última pergunta, indagando se ele é realmente sincero. Após isso, explique o que é o mercado de economia *compartilhada*, a "regra do jogo" e alavancagem, e a partir daí siga o mesmo roteiro, matando objeções com perguntas. Em caso de fechamento, utilize os mesmos procedimentos de acompanhamento.

5.4 Passando o plano quente ou frio para *down line*

Eu gosto muito de fazer isso, acompanhamento para duplicação. Ao praticar o hábito número 4 com seu novo *down line*, agende contatos quentes e frios para passar os primeiros planos. Conseguindo ou não converter e recrutar novos membros para a equipe, a importância de estar junto é fundamental, pois seu *down line* aprende como se vestir e se comportar, o tom de voz ideal, o local do plano, como usar o papel, o computador ou tablet, e entenderá o que fazer quando alguém fecha e quais são os próximos passos. Se existir uma negativa, você estará ao lado para mostrar que o processo de recrutamento é assim mesmo, e que quem se recusou está fora, não vocês! Se seu *down line* estiver sozinho e receber um não ou desconhecer a resposta para alguma objeção, isso pode abalar a crença ou a autoestima dele; se estiver acompanhado, porém, isso virará força e exemplo de como agir.

Ao agendar o plano, portanto, não se esqueça de que você é o líder; tudo o que fizer, portanto, duplica. Siga, então, o método e não se empolgue se a pessoa demonstrar interesse em pagar. Faça as perguntas e analise o perfil para que as chaves sejam viradas. Em diversos casos, tanto no plano quanto na *open*, muitos convidados querem fechar o negócio por empolgação e se esquecem de fazer as perguntas para matar as objeções e blindar até o fechamento com o treinamento. A pessoa, de tão motivada, convida no mesmo dia muitas outras e desanima, pois faz tudo errado. E então some! Portanto, não caia nesse erro e aja como um recrutador: preencha a ficha, pergunte qual é o plano para realizar os sonhos com o que ganha, explique seu porquê, a montagem da nova equipe e, depois, o mercado de economia compartilhada e a "regra do jogo" – ou seja, a alavancagem. Por fim, passe o plano e mate as objeções sempre com perguntas conforme o método.

Lembre-se de que estamos lá para ouvir, e não para falar, então não fale demais para não estragar a venda. Evite assuntos como futebol, religião e política. Você tem de liderar pelo exemplo. Pergunte muito sobre a pessoa. Se for um casal, nunca se sente ao lado do sexo oposto ao seu (da esposa ou do esposo), e dirija-se primeiro ao indivíduo do mesmo sexo que o seu, sem deixar de dar atenção ao cônjuge. Se o contrato for fechado ou se tiver acompanhamento para arrumar os recursos, comprometa o *down line* que o está acompanhando nesse processo do início ao fim. Ao marcar o próximo encontro, ele tem de se certificar de que está tudo certo e levá-lo até você ou ao sistema da empresa, para aplicar os 8 Hábitos conforme explicado.

O ideal é que você repita esse procedimento duas ou três vezes com seu *down line* e, a cada vez, peça para que ele identifique os pontos altos da entrevista de recrutamento. Após isso, deixe-o fazer uma vez. Observe-o e peça para ele dizer por que acha que foi comparado a você e onde estão as diferenças. Se ele estiver pronto, deixe-o para que sempre esteja conectado aos treinamentos do seu sistema e da empresa.

Existem pessoas que não ganham o suficiente para realizar seus sonhos, mas e se o indivíduo em questão for um empresário ou profissional bem-sucedido? Você o entrevistará da mesma maneira. Lembre-se de que o fato de ter dinheiro não significa que terá o perfil para desenvolver sua rede. Todo aquele com recursos ou bem-sucedido respeita pessoas de atitude, então nunca se deixe medir pelo que ele tem, e sim pela sua crença! Nesse caso, a diferença é que as dores são outras, como falta de tempo ou reconhecimento.

Quem tem sucesso geralmente não consegue estendê-lo aos amigos e parentes, bem como a oportunidade. Nesse caso, é necessário sempre o ajudar. Pergunte se ele não gostaria de usar a credibilidade dele e o seu conhecimento e o seu tempo para montar uma rede e ajudar todas as pessoas que ele ama. Para isso, mostre segurança, habilidade e conhecimento, afinal ele pode ser rico e bem-sucedido, mas você é o detentor do conhecimento de uma das mais poderosas ferramentas de alavancagem do planeta, o MMN, além do seu produto e da sua empresa.

Na quebra de objeções, já que dinheiro não é a barreira para alguém bem-sucedido, o que você perde se não der certo? Faça o fechamento e a lista e, no Quadro dos Sonhos e de Compromisso, represente bem-sucedidas todas as pessoas que ele ama!

5.5 Passando o plano para quem já conhece o MMN

Imagine que a pessoa conheça o MMN, ou que já tenha feito parte de alguma empresa. Da mesma maneira, é preciso recrutá-la, pois você não vai querer na equipe alguém que destoe do seu trabalho e que, principalmente, não se comprometa.

Caso ela tenha experiência no MMN, cadastre-a demonstrando segurança, decisão e muito domínio da sua empresa e do sistema de treinamento que você segue. Diga aonde quer chegar. Para cadastrar pessoas mais experientes, mostre conhecimento, prática e um plano de ação; se já tiver resultado aliado a isso, funcionará muito bem. É interessante, portanto, ter prontas a primeira, a segunda e a terceira linha, trabalhando duplicadas para enfrentar o desafio de recrutar alguém com mais experiência. Para concluir a tarefa com excelência, saiba quais são os principais líderes das maiores empresas, a história deles, os planos e produtos; assim, você mostrará um plano de ação baseado em conhecimento. Apresente seu método de trabalho e treinamento e o resultado da equipe dos últimos dias, para que conheça sua liderança.

Há três tipos de pessoa que já conhecem o MMN:

- As que estão cadastradas e descontentes;
- As que estão cadastradas e contentes;
- As que já foram cadastradas, mas não mais fazem parte por falta de sucesso ou mudança de foco.

No primeiro caso, tenha respeito e não fale mal da empresa dela ou do produto, mesmo porque as pessoas não deveriam mudar de empresa, e sim de pin. Se a empresa paga comissões de acordo com o plano, entrega os prêmios e os produtos e cumpre o contrato, o erro geralmente está no distribuidor. Não cometa, portanto, o erro de se gabar ou denegrir a imagem de outra empresa. A única coisa que precisa fazer é falar aquilo em que você acredita, então foque na sua empresa e no que ela tem de melhor, dizendo sempre que a pior vantagem de entrar nesta oportunidade é porque você está nela e está disposto a ir até o fim para atingir o topo. Com perguntas, explique o que é o mercado econômico compartilhado, alavancagem, produto, empresa, plano e objeções, sempre usando o método e seguindo as regras de acompanhamento.

Tome muito cuidado ao recrutar o segundo tipo de pessoa. A menos que você perceba algum sinal de insatisfação, foque em fazer o contato e estabelecer um relacionamento. Pergunte: "Como está se sentindo? Como estão a equipe e o trabalho? Do que mais gosta na empresa e no setor?". Ouça tudo com atenção e, depois, fale sobre o que acredita e aonde quer chegar. Mostre o plano apenas após um papo agradável e se a pessoa pedir, pois, na conversa, você deve deixar claro que está preparando novos líderes com propósito no seu sistema de treinamento, focados no mesmo processo de crença em que acredita. Passe o plano para alguém de outras empresas se ele estiver infeliz ou à procura de outra oportunidade; afinal, amizade é o que une a todos no setor.

No terceiro caso, há pessoas que estão frustradas e aquelas que até gostaram do modelo, mas na época não tiveram resultado em razão de outras oportunidades, por falta de um método de treinamento ou de um *up line*. Existem aqui duas ações distintas. Siga o método de recrutamento, explicando por que você faz e fazendo as perguntas chaves sobre se ele sabe sobre o mercado de economia compartilhada e sobre alavancagem. Se estiver conversando com alguém frustrado com o MMN, mate a objeção dele: "Já fiz e não deu certo". Não fale sobre a empresa da qual ele fez parte e não compre as dores dele. Diga o seguinte: "Cada fracasso é uma aula para o sucesso. Você usará sua experiência como capital para um novo momento ou vai ficar focado no erro? Se milhares de pessoas estão tentando e conseguindo, por que com você não ocorrerá o mesmo? Você vai conseguir, afinal neste mercado não existem fracassados, mas desistentes. Você é um desistente?". Se a pessoa simplesmente não teve resultado porque não agiu ou não focou, pois tinha outros objetivos, estará diante de uma situação fácil e agradável. Muitos têm a consciência de que, se tivessem se esforçado, poderiam ter ido adiante, então use o método normal e passe o plano recrutando.

Objeções na hora de vender ingressos

Objeção: Eu preciso de mais tempo para pensar.

Sua resposta: Enquanto pensa, posso dar esta oportunidade para outra pessoa? Se não for o que estou falando, devolvo o dinheiro.

Objeção: Você pode me passar mais informações a respeito?

Sua resposta: Agora estou sem tempo. É por isso que temos uma apresentação audiovisual com especialistas; assim, você tem todas as informações! Afinal, é melhor ter informações completas passadas por profissionais do que parciais de maneira superficial, não concorda?

Objeção: Você pode me ligar mais tarde?

Sua resposta: Você quer que eu ligue mesmo ou posso dar a oportunidade para outra pessoa?

Objeção: Não tenho dinheiro.

Sua resposta: Por quanto tempo quer ficar assim? Você concorda que suas decisões o levaram a esse resultado? Não está na hora de mudar?

Objeção: Por que tenho que pagar?

Sua resposta: Você conhece algo bom que é de graça? E bons negócios precisam de pessoas qualificadas, não concorda? Este é o primeiro passo.

Objeções na hora de passar o plano

Objeção: Essa oportunidade não é para mim.

Sua resposta: Que tipo de oportunidade é para você? Mostre-me algo com menos investimento e maior oportunidade de ganhos e liberdade, e farei com você. Ou está com medo? Eu entendo o seu medo, tendo em vista o que você ganha, mas se continuar fazendo a mesma coisa terá o mesmo resultado. Quer uma mudança ou ficar estagnado?

Objeção: Eu vou pensar.

Sua resposta: Duas cabeças pensam melhor que uma. Qual é sua dúvida? Quem sabe possamos resolver juntos. [Mate as objeções]

Caso a pessoa insista:

Sua resposta: Ok, eu entendo. Como estou montando uma equipe e acredito em pessoas que tomam decisões – e, para mim, um bom sim ou um bom não servem –, temos de marcar um acompanhamento amanhã, para você analisar e eu cancelar, ou darmos prosseguimento a este negócio, ok? Que horas fica melhor: às 16 horas ou às 20 horas?

Faça o agendamento. Se a pessoa não tiver horário, cancele dizendo:

Sua resposta: Pense em todas as respostas negativas que a vida lhe dá, todos os dias, por falta de uma oportunidade que desafie sua capacidade. Sinta se você não quer tentar ter algo que possa lhe dar esperança todos os dias!

Objeção: Eu vou estudar primeiro.

Sua resposta: Aqui nós estudamos fazendo! Você quer estudar ou ganhar?

Objeção: Eu não sei vender.

Sua resposta: Ótimo! Eu também não. Aqui quem gosta de venda, vende; quem não gosta, aprende a recrutar e a duplicar pessoas que gostam. Você não quer ter milhares de vendedores e recrutadores na sua rede e ter renda residual? O que você estaria disposto a aprender para ser livre e realizar seus sonhos?

Objeção: Quantas pessoas tenho que colocar para crescer?

Sua resposta: Uma! Você! O resto é consequência da sua crença e do seu trabalho. Como vai pagar?

Objeção: Eu não conheço muitas pessoas.

Sua resposta: Quantas pessoas você tem no seu Facebook? Caso seja nenhuma, você tem, entre amigos, parentes e conhecidos, trinta contatos, concorda? E eles têm, em média, mais trinta cada um, o que já dariam novecentas pessoas, fora todas aquelas com quem nos relacionamos todos os dias. Então, se eu estiver errado, o que você perde? Qual é o risco? Mas e se eu estiver certo e você não tomar a decisão certa, o que você está perdendo?

Objeção: Se é para trabalhar, por que tenho que pagar para entrar?

Sua resposta: Você conhece alguma oportunidade de negócio próprio gratuito? Conhece algo de graça que já mudou a sua vida ou a de alguém?

Objeção: Se eu entrar com R$ 2000, quanto ganho por mês?

Sua resposta: Hoje, você ganha o que merece? Então, aqui, com R$ 2000 em produtos ou serviços, você vai ganhar o que merece todos os meses, terá treinamento vitalício para ser melhor que ontem e nunca vai quebrar, porque seu custo aqui vira produto e receita. Este negócio só dá errado para os que desistem. Você é um desistente ou um vencedor? Como vai pagar?

Objeção: Os produtos são caros.

Sua resposta: Caros comparados a quê? Os melhores produtos são os mais baratos? Você compra preço ou resultado?

Objeção: É muito difícil arranjar outras pessoas.

Sua resposta: É mais difícil que trabalhar oito horas durante décadas sem ganhar o suficiente e sem ser livre?

Objeção: Não estou interessado.

Sua resposta: Então por que está aqui? Diga-me se apareceu uma oportunidade melhor do que esta para você nos últimos seis meses.

Objeção: Gostei, mas vou cadastrar meu irmão, pois ele leva jeito para o negócio.

Sua resposta: Ótimo. Então você já tem por onde começar. Não seria bom ter a rede dele abaixo de você? Ou gosta de desperdiçar dinheiro? Vamos ligar para ele e já agendar o plano?

Objeção: O mercado já não está saturado?

Sua resposta: Você já viu autoescola saturar? E você acha que a nossa empresa terá capacidade de cadastrar mais do que o número de pessoas que nascem? Hoje em dia, a maioria dos jovens quer empreender ou ter um emprego fixo? Quantos deixarão seus empregos ou os perderão e irão em busca de uma oportunidade? Você acha que é capaz de saturar? E, mesmo que ache isso, não gostaria de entrar agora?

Objeção: Trabalho há vinte anos e nunca consegui. Qual a garantia que eu tenho de que neste negócio vou conseguir?

Sua resposta: Se você trabalhar fazendo a mesma coisa nos próximos vinte anos, uma garantia você terá: vai ficar tudo igual! Não prefere arriscar?

Objeção: O Brasil está em crise, ninguém tem dinheiro para entrar nesse tipo de negócio.

Sua resposta: Na crise as pessoas são contratadas ou demitidas? Na crise, elas precisam de desconto para economizar? E de oportunidade para ganhar? E o que este negócio proporciona às pessoas? Então, se seus amigos precisam de oportunidade e desconto, como qualquer brasileiro, quem vai cadastrá-los, você ou eu?

Objeção: Você quer ganhar dinheiro em cima de mim?

Sua resposta: Se você entrar no negócio, o que eu ganho com a sua entrada muda minha vida? Então, para mudar minha vida, preciso ensiná-lo a fazer este negócio e a criar uma rede. Por todo esse suporte, não acha justo eu ganhar? E você vai gostar de ganhar das pessoas que liderar ou gosta de trabalhar de graça?

Objeção: Quanto você já está ganhando?

Sua resposta: Ganho o que eu mereço. E você?

Objeção: Não tenho tempo. [Esta é clássica.]

Sua resposta: Tempo é prioridade. Por quanto tempo mais você vai querer ficar sem tempo? Eu estive no seu lugar e sei o que é ficar sem tempo, mas decidi fazer algo. E você?

Objeção: Isso é pirâmide.

Sua resposta: O que é pirâmide para você? Explique! [A maioria não sabe responder, dizendo que é "aquele negócio de pôr pessoas".] Diga-me qual negócio não precisa colocar pessoas para funcionar? Restaurantes, cinemas, supermercados, todos precisam de pessoas, concorda?

Objeção: Mas é porque uns ganham sobre os outros!

Sua resposta: Você conhece a Coca-Cola? Os supervisores ganham sobre os gerentes, que ganham sobre os vendedores. E é pirâmide? E, por último, você acha que essa empresa, eu e seu amigo faríamos algo ilegal?

Objeção: Tenho que falar com a minha esposa.

Sua resposta: Até podemos falar com sua esposa, mas qual é sua decisão? Quero explicar para ela, mas você tem que estar decidido. Me responda uma coisa: você toma decisões onde trabalha? E, quando isso acontece, você liga para ela? Eu acho importante ela estar no negócio, mas você tem que confiar nos seus instintos e ela, em suas habilidades. Se sua esposa disser que não quer, o que você fará? Se sua vida depende dela, não seria melhor que eu o cancele e a traga aqui? Como você se sentiria pedindo apoio e um voto de confiança, e levando prosperidade para sua família e realizando os sonhos de todos?

Objeção: Conheço um amigo que fez algo parecido e perdeu dinheiro.

Sua resposta: Ao analisar um negócio, você analisa perfil de sucesso ou perfil de fracasso? Você está me falando de uma pessoa que deu errado; eu conheço centenas dando certo. O problema está no modelo ou nas pessoas?

Objeção: Fiz algo parecido e perdi dinheiro.

Sua resposta: Você já foi a um restaurante e não gostou da comida? Deixou de ir a restaurantes? Tentou tempo suficiente? Se eu estiver errado, você está adquirindo produtos com desconto e ainda tem um negócio; se eu estiver certo, sua vida muda. O que você tem a perder?

Objeção: Não tenho dinheiro.

Sua resposta: Por quanto tempo você quer ficar sem dinheiro?

Aqui, ajudará se o palestrante que fechou na *open* perguntar quem tinha dinheiro no dia do fechamento. Apenas alguns levantam a mão. Quando ele pergunta sobre quantos não tinham dinheiro e entraram, muitos levantam a mão, e então ele diz: "Se você está aqui, gostou, mas não tem dinheiro, seja bem-vindo ao time.

Há quanto tempo você trabalha? Há dez anos? E não tem R$ 2000? Quer dizer que você não economiza R$ 200 por ano, 16 por mês e R$ 0,50 por dia? Se continuar fazendo a mesma coisa, como espera ter um resultado diferente para realizar seus sonhos?

Objeção: Tenho medo.

Sua resposta: Está com medo de quê? Qual será o risco? Você já perdeu dinheiro emprestando para amigos, com juros de banco ou comprando coisas que não usa? Aprendeu com isso? Então aqui está sua chance. Vai conosco ou ficará na estação? Depois dessa, ou fecha ou cancela!

Esta talvez seja a única e real objeção. O medo significa falta de confiança, às vezes no amigo que o levou até lá, ou até nele mesmo, em virtude dos paradigmas e das crenças limitadoras formadas pelo ambiente em que cresceu.

Objeção: Quando você ganhar dinheiro, me chama!

Sua resposta: Se quisesse chamá-lo para ganhar dinheiro, eu o convidaria para jogar na Mega-Sena. Eu o estou convidando para construirmos um negócio com alavancagem e rede para nossa independência financeira. Estou procurando algo que me desse tempo e dinheiro, procurei e pesquisei e escolhi uma excelente empresa que trabalha com mercado de economia compartilhada. Estou estudando, participando de treinamentos e recrutando empreendedores para montar minha equipe; depois, vou me dedicar a treiná-los e acompanhá-los e o resultado vai chegar em dois anos. Depois de tudo isso, chamaria e ajudaria alguém que não acreditou? Ou daria atenção aos líderes que iniciaram para que tenham mais resultado? Depois de ter resultado, não terei tempo. Você está em uma estação de trem-bala, vai embarcar ou ficar?

Objeção: Eu não acredito neste modelo de negócios!

Sua resposta: Em que modelo de negócios acredita? Mostre-me apenas um em que, com o investimento apresentado, você pode construir uma rede e ganhar o que merece, e realizar seus objetivos. E, então, entro com você!

5.6 Usando a APN para recrutar e fechar negócio, e sua importância para retenção e duplicação

5.6.1 Introdução

O sistema é responsável pelo comportamento da equipe, diz para onde ir e o que se deve fazer. Se ele for frouxo, levará você a fazer de qualquer maneira, e não vai tirar o melhor de cada um. Ao contrário, simplesmente fará o que o mercado tradicional faz: deixará cada um por si. Um bom sistema nos leva a melhorar se quisermos estar nele.

Todos sabemos a importância de recrutar o perfil certo para nossa equipe *down line*. Quanto melhor ele for, mais rápida a duplicação e mais fácil de o nosso novo distribuidor, que acabou de entrar, conseguir o resultado esperado. Como a maior parte da base não tem experiência, o perfil errado na primeira geração é o fator de desistência de mais de 70% das pessoas que entram, saindo logo nos primeiros noventa dias.

O perfil correto na primeira geração de pessoas que acabaram de entrar no negócio depende de alguns fatores: ter tido, nas primeiras 48 horas, um belo treinamento de lista e convite, além de saber a diferença entre recrutar e convidar. Conhecimento é poder para enfrentar as pessoas e informações negativas, e entender que precisamos de indivíduos que acreditam no que acreditamos.

Realizar esse trabalho de forma eficiente é determinante para o sucesso e a continuidade de seus *down lines*. Convide aqueles que, acima de tudo, acreditam no modelo, que estejam cansados das oportunidades comuns a todos e que não desistam de um propósito. Ou seja, procure um perfil igual ao seu ou acima dele, pois, para vencer, o candidato deve ser determinado e ter condições de participar dos eventos, disponibilizar algumas horas para leitura e prática, convidando, recrutando e acompanhando. Sendo assim, todas as semanas esses distribuidores estarão com você nas *opens* e nos treinamentos, levando seus convidados, que, na maioria das vezes, já conhecem o plano e agora querem saber quem são os responsáveis e um pouco mais sobre a empresa. Nesse momento, você tem que encantar!

Durante uma viagem para a África e a Europa, com alguns líderes de uma igreja evangélica, perguntei a um bispo que havia me convidado: "Por que tanto conforto e tanto esforço para deixar os templos tão bonitos e confortáveis?". A resposta dele foi a seguinte: "Queremos todos aqui semanalmente; para isso, o ambiente tem que ser agradável e a igreja mais confortável que o lar dos fiéis. Assim, eles estarão sempre conosco".

Acredito que o MMN compartilhe desse mesmo princípio. Quando conheci essa indústria, ia a hotéis 5 estrelas e jantares, frequentados por pessoas bem arrumadas e selecionadas, participava de apresentações ensaiadas, assistia a vídeos bem-feitos de líderes bem entrosados com a base nas APNs, sempre procurando a perfeição.

Ao longo da última década, as empresas e os líderes foram retirando uns detalhes aqui, outros ali, sem perceber que influenciam na retenção e no resultado do bônus mensal! Mas como a arrumação da sala pode influenciar no meu cheque, ou a roupa, ou a marca da caixa de som?

Cada detalhe representa um fator psicológico que ajuda as pessoas a entenderem o modelo, a diferença para sua vida e a se desconectar dos seus paradigmas. Uma sala perfeita determina que a empresa é boa e faz aqueles que a frequentam e da qual fazem parte quererem estar lá. Sua família quer que você esteja lá. No entanto, por falta de entendimento e estudo, caminha-se para as soluções fáceis, achando que isso facilita a entrada, mas o resultado é a dificuldade de reter e duplicar.

O código de vestimenta foi eliminado e aqueles que se importam com isso acabam tendo preconceito com o MMN, achando que é para "quem está quebrado". Quem não sabe como se vestir sente vergonha de fazer amizade por não estar à altura. Cria-se, então, uma barreira entre as pessoas, e não o ensinamento de que devemos melhorar nossos hábitos pessoais todos os dias. Depois, diminuíram-se os preços dos convites (alguns até se tornaram gratuitos), baixando a qualidade dos frequentadores. Se o distribuidor tem a meta de dois convidados de graça, levará qualquer um; se tiver de cobrar, terá de se esforçar um pouco em busca dos melhores perfis. A gratuidade também diminui a qualidade da sala, que fica sem conforto, com equipamentos improvisados, vídeos ruins, sem coordenação ou números para saber quem é novo, quem vai fechar. Fica tudo a cargo do destino e do talento individual. Os líderes acabam tendo de ajudar, com parte de seu bônus, para sustentar salas sem resultado. E todos se perguntam: "Como melhorar o perfil? Como ter uma sala organizada e bonita? Como fazer algo duplicável e que não gaste bônus sustentando o sistema?". É o que se pretende responder nos itens que seguem.

5.6.2 Convite

Este é um assunto polêmico e com muitos paradigmas. "O convite deve ser gratuito para que mais pessoas possam frequentar as reuniões. Assim, aqueles que não iriam poderão se apaixonar e as equipes crescerão mais!". Foi com esse pensamento que acabaram com o perfil das salas e com a sua qualidade.

Há muitas razões para que se cobre pelo convite, e todas são positivas. A primeira delas é o perfil. Recrutar pessoas certas é a razão da vitória de qualquer empresa tradicional. Pode ser MMN, equipe de futebol e até um casamento. Quando o convite é pago, temos de treinar nossa base, e isso já é positivo, pois teremos mais cuidado para elaborar nossa lista. Quando damos um convite, parece que estamos implorando a presença de alguém, e nosso cérebro sabe que nada gratuito pode ser bom; ao contrário, quando há cobrança, algo especial existe.

Para cobrar, precisamos pensar. Se alguém não aceita isso, é a pessoa errada, pois quem não tem R$ 30 para investir em uma oportunidade provavelmente não está preparado para conhecer algo novo ou não confia em quem a está convidando. Quando ela paga, dá mais valor e sabe que é para poucos. Sobre as objeções, um curto treinamento de convite resolve.

Outro ponto positivo é que podemos investir mais na sala, tornando-a mais bonita e confortável, com equipamentos melhores. É possível fazer um espetáculo mostrando organização, zelo e talento. Quem não quer progredir, ser dono de um evento desses e estar toda a semana vendo algo bacana para mostrar aos amigos? Quando deixamos de ter prejuízo, com um sistema que se paga, qualquer líder pode fazer eventos e assim se torna duplicável, ou seja, não depende de a pessoa ter recursos financeiros ou resultados para custear essa ação.

Uma *open* tem que seguir três conceitos:

1. Fazer convidados e distribuidores viverem seus sonhos. Para isso, o bairro e o local do evento têm que ser especiais; devem ser lugares onde as pessoas queiram morar e viver, e em hotéis que transmitam a sensação de prosperidade. Assim, além de querer estar lá para poder sentir como é frequentar lugares

de sucesso, você vai adorar levar seus amigos e familiares a locais em que eles na maioria das vezes não se permitiriam entrar, e sempre será um dia especial.
2. Mudança de hábito. O local da *open* tem que promover uma mudança de hábito, você tem que se acostumar com lugares prósperos e entender que as pessoas que estão naquele bairro, naquele local, são iguais a você, e assim você muda seu padrão e seu hábito uma vez que irá semanalmente ao evento.
3. Coerência com a proposta. Não dá para mostrar um negócio milionário em um lugar de centavos e improvisado, por essa razão, ao estar em um lugar próspero, organizado e com procedimento, é necessário mostrar preparo e profissionalismo. Ao aliar preparo, profissionalismo e estrutura certa, o sucesso é consequência, além de facilitar a compreensão e a crença de que o negócio será bem-sucedido.

A *open* pode ser gratuita, porém perdemos a qualificação dos convidados ao não cobrar, e teremos que oferecer uma boa infraestrutura e pagá-la com recursos próprios. Nesse caso, até há uma exceção: se você dispuser de dinheiro suficiente, pode até oferecer um bom local sem cobrar, porém será difícil saber quantas pessoas irão e haverá muitas sem perfil, e isso atrapalha muito a duplicação.

"Por que pagar?" Uma palestra em que se obtêm informações, ministrada por pessoas treinadas em um belo hotel e que pode mudar a vida das pessoas não pode ser gratuita. Nenhum belo trabalho é de graça. Mesmo que alguém não entre nessa indústria, vai sair impactado com as informações que receber. Somente por esse motivo, e pelo seu empenho e da sua equipe, todos que entram devem pagar para serem selecionados; assim, darão o devido valor. Você recebeu algo de graça que mudou sua vida?

Para finalizar, quando todos estão empenhados em buscar pessoas que realmente estejam à procura de uma oportunidade e oferecem um evento à altura da sua empresa, o índice de conversão sobe para até 60% dos convidados presentes, a retenção melhora e novas localidades são desenvolvidas com mais eficiência.

Como vender o convite

Ao entrar em um negócio, é mais fácil aprender a vender um convite para seu amigo, que verá uma bela apresentação de oportunidade, do que passar um plano, porque você ainda não sabe tudo sobre a empresa, o produto ou o plano. No entanto, convidá-lo para ir a uma palestra que você viu e da qual gostou, e cobrando convite, é algo relativamente simples, duplicável e que qualquer um pode fazer.

As pessoas têm a impressão de que uma apresentação de MMN deve ser gratuita, afinal elas estão sendo convidadas a comprar algo, então a empresa ou o líder deve bancar. É preciso, contudo, mudar o *mindset* sobre isso, porque não se vende uma oportunidade. Como o Multinível é feito de líderes e tem de ser duplicável, as salas devem ser boas e pagas, transmitindo credibilidade, e agradáveis para serem frequentadas semanalmente. Ninguém quer tirar do seu bônus valores para bancar uma sala, por isso algumas delas são ruins ou preparadas de qualquer maneira.

Vender um convite para uma palestra de MMN é como vender para um amigo o ingresso de um show, teatro ou partida de futebol. Se o concerto, a peça ou o jogo forem bons, você convidará com crença e, logicamente, não pagará para ele, concorda? Essa é a atitude normal. A diferença é que, quando você está convidando para uma APN, seu foco é vender, então há certo desespero para conseguir o maior número de pessoas possível, de qualquer maneira; assim, sua rede aumentará. Esse é o erro que todos cometem. Para ir a um show de rock, você não convida qualquer um, mas um amigo legal, que goste da banda e que tenha condições de ir, concorda? Geralmente, são momentos inesquecíveis.

Considere que a APN é muito mais importante que um show ou jogo, pois é algo que poucos conhecem, contém informações reveladoras e pode mudar a vida de quem a assiste. É um local repleto de líderes e empreendedores para seu amigo conhecer, numa época em que o relacionamento é a chave para negócios bem-sucedidos. Se todos pensarem assim, imagine a energia e o nível de contatos e relacionamentos? E quem não quer estar em um local desse todas as semanas? Por essa razão, as pessoas devem ser selecionadas. E aquelas que pagam não faltam, dão importância ao evento e aumentam a possibilidade de fechamento, pois vão com um propósito.

Para vender um convite, utilize a técnica do agendamento de plano: seja objetivo, tenha senso de urgência e escassez. Encontre um amigo ou ligue para ele. Faça-lhe as perguntas clássicas: se está tudo bem com ele e com a família, se tem viajado e se tem ganhado o que merece. Geralmente, a pessoa nos responde que vai indo, que não está tão bem, mas que tem esperanças, e pergunta sobre você. Responda o seguinte: "Está tudo muito bem!". Seu amigo perguntará o motivo, ao que você diz: "Eu estava procurando algo que tivesse a ver com o novo mercado de economia compartilhada e com alavancagem, e achei. Fui a uma palestra, conversei com os diretores e resolvi entender melhor essa indústria. Estou montando uma equipe para ter minha própria rede". Espere um pouco... pois seu amigo vai comentar: "Que legal". Você, então, terá duas opções:

- Pergunte se ele conhece algum empreendedor para assistir a uma palestra sobre esse mercado e veja se ele se encaixa naturalmente;
- Emende: "Por isso te liguei (ou encontrei). Tenho dois convites para a próxima palestra e meu diretor me pediu para levar duas pessoas empreendedoras. Pensei em você... Estou errado?". Se ele perguntar o dia e local, você diz e cobra o convite. Pegue o dinheiro e agende com ele como irão se encontrar.

Se seu amigo tiver objeções e você quiser que ele vá, comece questionando o seguinte: "Você ganha o que merece? Por falta de capacidade ou oportunidade?" [A maioria responde ser por falta de oportunidade.] "Vamos ver se realmente é verdade: você prefere gastar R$ 30 em uma sessão de cinema ou em uma palestra de negócios?"

Se a resposta for "palestra de negócios", diga: "Tenho dois convites e preciso selecionar dois empreendedores. E você deu a resposta certa! São R$ 30".

Aprenda a fazer as perguntas certas para cada objeção a seguir, denominadas **Técnicas de Perguntas Matadoras**.

Objeção: Tenho compromisso neste dia.

Sua resposta: Cancele! Nenhum churrasco, jogo ou aniversário de parente (a menos que seja da mãe, do pai, da esposa ou dos filhos) é tão importante quanto você ir ver isso, pois pode mudar a vida de todos! Porém, se não quiser cancelar, posso passar seu convite a outra pessoa?

Objeção: Me fale o que é.

Sua resposta: Estou com pouco tempo e não conseguiria explicar aqui e agora, por isso existe uma palestra feita pelos diretores da empresa, com a presença de vários empreendedores, com recursos audiovisuais para melhor entendimento. Se você tivesse algo muito bom para mostrar aos seus melhores amigos, faria de qualquer jeito ou do melhor jeito? Por isso, temos uma apresentação!

Objeção: Tem que pagar para ir?

Sua resposta: Você quer mudar de vida? Precisa de algo para ter tempo e dinheiro? Você já recebeu algo de graça que fez a diferença? Você paga para ir ao cinema, ao jogo de futebol, ao teatro? Eu poderia até pagar para você ir, porém quero saber quem realmente busca uma mudança. E quem não tem "X" reais para olhar uma oportunidade talvez não esteja preparado. Esse valor é simbólico e serve para não levarmos qualquer um. Essa é uma palestra somente para pessoas com visão... O convite é seu ou posso repassá-lo a outra pessoa da lista?

Objeção: Esta não é a empresa "X"?

Sua resposta: O que você sabe dessa empresa?

Objeção: É aquela empresa em que se paga e, para ganhar dinheiro, é preciso convidar pessoas. Eu não quero vender nada, e conheci muitos que foram e não ganharam dinheiro.

Sua resposta: Quando você analisa negócios, sua referência são pessoas de fracasso ou sucesso? Você conhece sobre alavancagem ou mercado de economia compartilhada? Pois é sobre isso que vamos falar, e sim, essa empresa está envolvida nesse novo mercado. Você confia em mim? Se eu estiver certo, sua vida pode ter outro rumo; se eu estiver errado, vamos passar algumas horas juntos, você irá conhecer novas pessoas e terá uma opinião baseada na sua experiência. Vamos? Ou posso passar seu convite para outra pessoa?

Objeção: Posso ir na semana que vem?

Se seu convidado tiver um compromisso realmente inadiável, venda o convite para a próxima semana. Se ele não quiser pagar, cancele e peça para que, quando quiser mudar a expectativa de ganhos, ligue para você. Diga que verá, então, se haverá disponibilidade no evento e na sua equipe. Encontre pessoas com perfil de quem está procurando algo diferente. E o convite é a chave dessa mudança.

> **Objeção:** É aquele negócio em que entram pessoas?
>
> **Sua resposta:** Sim, como no cinema, no shopping, no supermercado, em lojas de roupa, postos de gasolina, restaurantes... Você conhece algum negócio no qual não é necessária a entrada de pessoas consumindo?

Ou seja, para vender um convite é preciso ter orgulho da sua APN e da palestra dos líderes. Você vai querer levar seus melhores amigos, parentes e pessoas do perfil que buscar, e só existe um segredo para cobrar deles o convite: não compre a dor dos convidados e saiba que, ao cobrar, você está selecionando determinado perfil para não perder tempo, além de ensiná-los a fazer o mesmo (se eles entrarem).

5.6.3 Local

Se o convite é pago, podemos estar em belos locais onde são realizados eventos ou em hotéis 5 estrelas. Ao vender o MMN, dizemos que é uma oportunidade que mudará o estilo de vida das pessoas, com viagens, prêmios e bônus milionários. No entanto, como acreditar nisso, quando se está sentado em cadeiras de plástico em salas mal-arrumadas e em locais baratos? Se o palestrante que está no palco ou a empresa não tem condições de locar um local legal, quer dizer que não está ganhando dinheiro.

Como você estará com seus melhores amigos toda semana, seria muito legal que o encontro fosse feito em um bairro onde todos gostariam de morar, ao redor de pessoas que o frequentam, para que possam se espelhar nelas e sair da zona de conforto. Apenas por estar ali, uma nova vida é iniciada. É uma motivação para não desistir, um desejo de entender que também é possível estar ali com a esposa e os filhos.

Outro detalhe é o dia escolhido para realizar uma APN. Sábado ajuda muito, pois à noite, durante a semana, a pessoa pouco aproveita, a cabeça está cheia de preocupações, o trânsito incomoda e atrasa, e a pressa de ir embora é um obstáculo para o acompanhamento. No fim de semana, após o almoço, a mente de seu convidado estará tranquila e você terá mais tempo para fazer uma entrevista. Além disso, ele poderá aproveitar o local em que gostaria de viver e terá prazer de estar lá com os amigos.

Durante a semana, o treinamento é adequado àqueles que já estão comprometidos e não precisam estar com a mente aberta para uma oportunidade. Na ocasião, somente recebem mais conhecimento para melhorar seu resultado.

5.6.4 *Dress code*

Muito se fala a respeito da roupa adequada. Terno com ou sem a gravata ajuda na padronização e acaba com o julgamento que fazemos das pessoas pela maneira que se vestem. As mais simples gostam de ter oportunidade e razão para se vestir melhor; assim, sua autoestima muda, gerando uma grande curiosidade entre parentes e amigos.

Ter um código de vestimenta traz ao evento uma importância e diz muito a respeito da empresa.

Sem entender os motivos de um código de vestimenta e sua importância para o fechamento, e por preguiça, acabou-se com isso em alguns casos. O resultado são salas frequentadas por pessoas malvestidas, em que os mais simples se sentem inferiores perante os que se vestem melhor, e estes se sentem superiores, ou, quando estão em menor número, depreciam a empresa e o negócio. Afinal, quando você vai a uma festa em um local bonito, com pessoas bem-vestidas, não se sente melhor? Não quer estar sempre lá e paga o preço que for correto? Então por que na APN tem que ser diferente? Você prefere estar em Jurerê Internacional ou em um bairro simples para uma festa ou para conhecer uma oportunidade? As pessoas com menos condições querem progredir e as com condições mais abastadas não querem regredir.

Igualar as vestimentas, portanto, é essencial para gerar liderança, apoio *cross line* e estreitar relacionamentos entre diferentes tipos de classe. Durante doze anos, eu vivi isso e ter um sistema para levar os indivíduos a um funil de melhor desempenho pessoal é a função social do MMN.

Ter um código de vestimenta social é muito bom, pois fica fácil e barato igualar a todos. Sabemos da dificuldade de lugares mais quentes e de ambientes frequentados por jovens, por isso podemos estipular o esporte fino como estilo, com jeans e blazers. Dá mais trabalho, porém pode ser feito. O importante é ensinar marketing pessoal a todos.

Estes são alguns exemplos de *dress code* a ser utilizados:

5.6.5 Equipamento

Para realizar um evento de qualidade, são necessários os seguintes equipamentos: caixas de som, projetor, microfone, cabos e mesa de som de qualidade. Nada pior que uma imagem sem definição, som com ruído e, por economia, apenas duas caixas na frente, deixando surdos os que estão sentados na frente e fazendo os que estão atrás terem dificuldade para ouvir. Quem quer isso?

Quando os convidados e novos distribuidores percebem esses detalhes, imaginam a qualidade dos produtos e da empresa. E vale a pena o preço pago para ver e ouvir tudo com qualidade.

A seguir, veja exemplos de equipamentos adequados e com bom custo-benefício.

- Caixas de som JBL.
- Microfones de lapela e de mão Shure.
- Projetor com entrada HDMI de 3000 lumens Epson.
- Mesa de som Watson.
- Cabos, pois a mesa de som deve ficar atrás da sala, exigindo cabos longos das caixas da frente e HDMI do projetor.

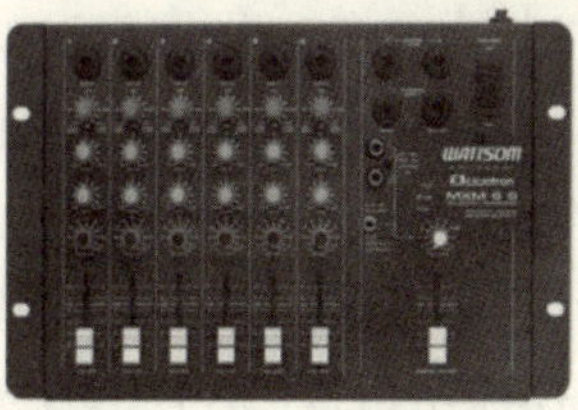

5.6.6 Arrumação da sala

Aqui o show começa. Se vamos cobrar e queremos que pensem bem dos nossos produtos e da nossa empresa, é necessário mostrar organização quando nossos convidados e distribuidores entram. Eles devem enxergar uma sala perfeita e bem organizada para que tenham a sensação de que todos sabem o que fazem e que tudo aquilo é direcionado para eles. No Módulo 3 do curso Sem Limites, há um capítulo dedicado ao uso do método na APN mostrando, na prática, a arrumação da sala.

Um hotel, por exemplo, precisa estar bem localizado, numa região onde os nomes de sua lista gostariam de viver. Em reuniões para mais de sessenta convidados, o pé-direito do recinto deve medir mais de dois metros e meio. A entrada sempre tem de ser feita pelos fundos da sala, por onde as pessoas entram; assim, vão enchendo a sala de frente para trás.

Outro ponto importante é a arrumação das cadeiras, que devem estar intercaladas, conforme mostrado nas aulas, para melhor visualização dos participantes.

Os líderes que organizam o evento devem se encontrar três horas antes do evento, para arrumar a sala e treinar a apresentação àqueles que subirão ao palco. Ensaio e preparação são essenciais. A sala deve permanecer fechada até o início do evento, e é proibida a entrada de pessoas que não estão na organização, para não estragar o impacto da entrada, assunto abordado no próximo capítulo deste livro.

Comece pelo palco e pelos *banners* em sua lateral, na recepção do lado de fora e nas laterais (se tiver espaço), se possível, todos com iluminação. Após isso, com as cadeiras intercaladas e alinhadas com barbante, coloque 10% a menos do que o reservado para o evento, pois o segredo é a sala sempre parecer lotada. Então, o número de cadeiras deve ser exatamente o número de pessoas na sala. Disponha, no fundo da sala, a mesa para o som e o organizador do evento, bem como mesas com toalhas encostadas nas paredes para reorganizar o local para as entrevistas. Depois, monte a mesa de som (sempre ao fundo da sala, para melhor visualização do evento e para que nada tire a atenção do público e do palestrante). Os cabos da caixa de som e do projetor devem ser fixados com fitas adesivas (p. ex., *silver tape* ou similares) para fixar todos os cabos em linhas retas e simétricas.

Teste, então, som, imagem, microfones e a iluminação tanto dos *banners* quanto da sala, pois o acender e apagar das luzes é imprescindível para as entradas de vídeo e palco. Neste momento, deve-se ter de 1h30 a 2 horas para o início do evento, o que lhe dará o tempo necessário para ensaiar a APN com todas as partes. Nas próximas páginas, serão trabalhados a dinâmica e como deve ser a APN.

Alguns exemplos de sala podem ser os seguintes:

5.6.7 Apresentação da oportunidade (GC PPT)

A APN é a apresentação que será ministrada pelos palestrantes. Hoje em dia, a maioria delas expõe o que a empresa faz – produtos, sede, presidente, número e dados do mercado, prêmios e logística – e, depois, explica o plano e o preço para, então, fazer o fechamento. Os slides, porém, precisam empolgar – assim como o palestrante, que é peça-chave do evento –, para transmitir emoção e credibilidade, e não devem conter textos longos, caracteres diferentes de uma tela para outra e artifícios de transição.

Imagens e números marcantes conceituais devem ser apresentados, bem como um *script* ensaiado que contemple a ligação entre as telas e o conceito. Não se esqueça de adicionar bom humor à palestra. Podem ser piadas interessantes e contextualizadas, como o casal de aposentados que viajou o mundo. "Quem aqui conhece essa?". Todos dirão que não, e você comenta: "Eu também não". Além disso, faça perguntas fechadas para obter participação e dê respostas esperadas para ser legal e participativo.

Quando lemos um texto, interpretamos e quantificamos os dados e números. Porém, quando temos um bom palestrante treinado, que fala com o coração, ele acessa os nossos metadados – ou seja, nossas emoções – por meio do tom de voz, da postura e dos gestos. Para a conversão de novos distribuidores, portanto, é essencial ensaiar a apresentação e aliar telas a um texto que mostra a realidade à qual as pessoas estão acostumadas, bem como a revolução que o MMN pode trazer pela alavancagem e pelo desenvolvimento pessoal.

Os convidados devem se conectar a um propósito, e não a dinheiro e produtos. Esse propósito é a liberdade. Conforme dito nestas páginas, eu desisto de um carro que nunca dirigi, de uma casa em que nunca morei e de viagens que nunca fiz, mas não de ser livre. Se a APN mostrar a liberdade das pessoas com o perfil que procuro é restrita, elas farão de tudo para conquistar o poder sobre suas vidas.

A APN, portanto, deve seguir o porquê em primeiro lugar. O apresentador tem de iniciar dizendo quem é e informar que todos os convidados foram selecionados a pedido da empresa aos seus distribuidores. Por exemplo: "Vocês estão aqui hoje porque foram os escolhidos. Então, uma salva de palma a vocês!". A partir de então, passa a falar de liberdade, ou seja, sobre o porquê dele, com um texto objetivo, porém incisivo. Após isso, conecta a porcentagem de pessoas ricas no mundo (5%) à regra do jogo, mostrando que esses indivíduos conhecem essa regra. "Querem conhecer também?", ele tem de questionar, explicando a alavancagem e revelando que o segredo está na rede. "Querem aprender a montar uma rede sendo mentoriados e com pouco investimento de dinheiro e tempo?" Quando as pessoas disserem que sim, o apresentador deve prosseguir: "Apresento a vocês a 'empresa', o produto, a sede e o presidente". Todos estarão conectados com o propósito e querendo aprender a construir uma rede de consumo.

No fim da apresentação dos produtos e da empresa, o apresentador deve pegar o gancho da rede de consumo e da alavancagem, explicando o plano e os pacotes. Nesse momento, a ficha de perfil é mostrada e um intervalo de cinco minutos é oferecido, durante o qual um vídeo de estilo de vida é transmitido no telão. Depois, o líder de maior pin conclui a palestra, dando seu testemunho, que deve ser humilde, sem que sejam citados cursos ou peripécias não duplicáveis, contendo as principais objeções coletadas na sala durante o preenchimento da ficha. Assim, a apresentação é encerrada. Não se esqueça de usar a técnica do contraste quando falar sobre preço, para mostrar que um negócio próprio custaria muito mais do que isso. Antes de falar o preço real, eleve-o dez vezes.

5.6.8 Dinâmica do evento (entrada, luz, vídeo, ficha, fechamento)

Um evento, para que seja realizado de maneira exemplar, dependerá de sua dinâmica, isto é, da escolha do que fazer e de quando fazer. Se ocorrer na hora certa, ganhará corpo e *status* de perfeição, empolgando as pessoas pelo profissionalismo e elevando ainda mais a moral do líder por vários fatores, como conhecimento e importância aos distribuidores e convidados, pois demonstra cuidado e atenção.

Tudo tem início com a lista de convidados, que consta no bônus do Módulo 3 do curso Sem Limites. Ela é a reserva feita pelos distribuidores com base nos convites vendidos da semana. Se eu vou com minha esposa ao evento e levarei dois convidados – um irá com a esposa; o outro é solteiro –, tenho de passar minha reserva até 48 horas antes do evento. Neste caso, minha reserva é de 2/5: dois convidados e cinco pessoas no total. Assim, o líder do evento pega as reservas de todos os líderes organizadores, os quais pegam de suas equipes. Consideremos, então, uma lista total de reserva de 70/210 e 10 líderes de um máster líder dono do evento que estão organizando o evento da equipe. Baseado nessa lista, o máster líder reserva a sala para 210 pessoas e reúne sua equipe de 10 pessoas três horas antes do evento para a montagem e o ensaio (conforme mostrado em páginas anteriores), sempre organizando a sala para 190 pessoas (10% a menos). Depois de tudo arrumado conforme instruções, quarenta minutos antes do início ele libera os líderes para receberem os distribuidores com seus convidados, pedindo para que dez minutos antes da hora marcada todos estejam dentro da sala. Na sequência, pede a um deles que volte com o número total de convidados que chegaram até aquele horário.

GC	Lista de convidados	Escreva aqui o nome do líder		C	A	R	PROPORÇÃO
				1	1	1	
	Nome	Cel/WhatsApp	E-mail				
			Total				

Recepção dos convidados

Como todos estão com o nome na lista, os líderes saem da sala e recepcionam seus distribuidores e convidados pelo nome. O distribuidor é orientado a edificar seu líder e a contar a seu convidado sobre quem ele é. Quando chega, o líder edifica o distribuidor, dando-lhe uma ideia do que vai acontecer no dia, pois, assim como um bebê que assiste ao mesmo filme cem vezes, sente-se seguro por saber tudo que vai acontecer. Temos de dar essa segurança ao convidado, já que ele é como um bebê dentro do nosso sistema.

Exemplo do que dizer em uma recepção:

Olá, Jair, prazer em conhecê-lo. Meu nome é Luiz. Você foi muito bem recomendado pelo Jaime, nosso distribuidor, que vem fazendo grande diferença aqui. Por isso, pedimos para ele nos indicar uma pessoa que acredite no que ele acredita. Estou satisfeito em poder conhecê-lo no dia de hoje. Bom, teremos uma apresentação da nossa empresa dividida em três partes. Na primeira, conversaremos sobre o mercado de economia compartilhada, que vem revolucionando o mercado de trabalho; na segunda, falaremos sobre alavancagem... Você já ouviu falar de alavancagem? Não? Ótimo! Então, vai conhecer sobre o assunto hoje. Na terceira parte, nosso diretor contará sua experiência e encerrará nosso evento. Após isso, haverá um *coffee break*, no qual eu o acompanharei. No fim, será feita uma entrevista, em que analisaremos o seu perfil, assim como você analisará o perfil da empresa. Se o negócio se encaixar no que está buscando, quem sabe podemos fazer negócio.

Você deve sair. Não fique mais do que três minutos, mesmo que ele seja seu único atendimento. Caso não tenha mais nenhum, retorne à sala.

Início

Após todos retornarem à sala, conforme combinado, é conhecido o número de presentes. Imagine que chegaram 170 pessoas até o momento, então tire 20 cadeiras; se chegarem, coloque-as de volta. Retirar os assentos enquanto as pessoas estão entrando não é bom, pois mostra que faltaram pessoas.

Recolhidas as cadeiras excedentes, reúne-se o *round* (uma roda com os dez líderes para que os últimos detalhes sejam acertados), que determina os palestrantes da apresentação, quem fica na porta, na luz e no corredor recebendo e encaminhando os convidados para seus lugares. O máster líder faz um discurso rápido para relembrar os detalhes e puxa o grito de guerra. O responsável pelo som inicia-o bem alto e as portas se abrem, por meio da qual o líder que cuida dela libera as pessoas aos poucos. Os demais líderes fazem um cordão para acomodar os convidados de frente para os fundos da sala. Conforme vão se enchendo as fileiras, recuam o cordão; a porta libera e segura conforme a aglomeração e a velocidade do enchimento das fileiras.

Assim que todos se sentam, o líder da porta olha para quem está no som e o avisa de que não há mais ninguém para entrar. Este imediatamente apaga as luzes, e quem está na mesa reproduz um vídeo empolgante. Todos se sentam em seus lugares, inclusive os líderes. Nessa hora, não deve haver ninguém de pé! Quando o vídeo chega ao seu ápice, faz-se um cordão com os dez líderes que estão sentados nas pontas das fileiras para o apresentador da primeira parte passar entre eles. Ao término do vídeo, as luzes imediatamente se acendem e o líder se encontra no palco (sua passagem pelo corredor se faz segundos antes de o vídeo acabar). Ele, então, apresenta-se e dá início à apresentação, conforme explicado no capítulo anterior.

Há, então, uma troca de palestrante para que o plano de compensação seja apresentado. Após discorrer sobre o plano e o preço dos kits, ele explicará a ficha de entrevista e pedirá aos líderes que circulem pela sala, dando-lhes cinco minutos para seu preenchimento. Algum vídeo ou música deve rodar ao fundo. Após isso, o líder com maior pin sobe ao palco para fazer o fechamento baseado nas objeções coletadas e em sua história a fim de ajudar na entrevista e no acompanhamento e dar o sentimento de perda, o que significa dizer que não há vagas para todos, somente para aqueles decididos a mudar de vida. Em outras palavras, é necessário passar o sentido de que nem todos os presentes serão recrutados, a menos que sejam qualificados, e isso faz com que a pessoa passe de compradora a entrevistada.

Se há dez líderes na sala, então deve haver dez mesas com toalhas separadas. O líder finaliza e convida a todos para um *coffee break*, conforme já foi dito, enquanto os líderes organizam a sala para a entrevista. Em dez minutos, as cadeiras são empilhadas e as mesas arrumadas, e os convidados são chamados pelos líderes para a entrevista sem o distribuidor, que só é convocado no fim à mesa para saber o resultado: se está praticamente fechado, se dá os parabéns, se fala a todos que há mais um distribuidor, ou se cancela ou combina o acompanhamento.

5.6.9 Entrevista na APN

O método de entrevista para contato quente e frio é retratado em dois capítulos no curso Sem Limites, e serve para passar o plano. Aqui será explicado como fazer uso da entrevista após o convidado ter assistido à apresentação.

Clique neste QR Code para acessar um conteúdo exclusivo

Quando o convidado chegou, ele foi avisado dessa entrevista, que serve para comprometer e avaliar ao recrutar. Ele, então, sai do papel de comprador e você, do de vendedor, até porque é na entrevista que causamos âncora para retenção. Você deve estar se perguntando: “Como?”. É simples! Na ficha de entrevista, você anota os sonhos; quando ele ganha e você já sabe parte da vida dele, consegue fazer perguntas para verificar se ele tem comprometimento, tempo, vontade e persistência para conseguir a tão sonhada liberdade financeira. Após lhe dar aprovação e realizar o fechamento, cada vez que ele faltar a um treinamento ou pensar em desistir, volte ao dia do fechamento e use-o como âncora, tudo o que ele disse. Então seja a entrevista realizada no evento (*open* ou APN), ou passando o plano um a um, essa atitude é essencial.

Como começar a entrevista

Com a ficha preenchida e em mãos, faça a primeira pergunta: "Por que você quer participar da equipe do líder 'X' ('ou da minha equipe', caso seja seu *down line*)?" Lembre-o de que essa indagação é pertinente, pois a ficha está preenchida; nesse caso, ele quer fazer parte da equipe. Depois, questione: "Do que você mais gostou? Você desiste fácil dos seus objetivos? Está disposto a aprender?". Se ele for positivo, aprove-o e pergunte como pretende pagar. Nessa hora, ou durante as perguntas anteriores, podem surgir objeções. Comece, então, a aplicar a técnica se perceber que o candidato vale a pena.

Técnicas e tempo

A entrevista não deve durar mais de vinte minutos. Ela é pessoal e somente entre você e o entrevistado; o distribuidor que fez o convite pode estar presente apenas em caso de ajuda ou requisição. Em algum momento, a pessoa pode ficar com vergonha e você, ao entrevistá-la, pode querer fazer perguntas que não sejam pertinentes na frente de um terceiro, mesmo que seja próximo.

O objetivo da entrevista é recrutar, e não convencer, ou seja, selecionar. Para isso, faça perguntas e selecione de acordo com as respostas que lhe forem dadas, pois você quer saber o perfil, e não somente a capacidade financeira. Você pode entrevistar alguém que tem o perfil e que está disposto a entrar nessa indústria, porém não tem recursos, então o coloque na lista de acompanhamento. Arrole as possibilidades de conseguir os recursos, de chamar quem o trouxe e, nos próximos dias, dê apoio para ele conseguir.

Há, em contrapartida, pessoas com dinheiro, porém sem o perfil, sem autoestima. Cancele-as para fazer rede e, no máximo, torne-as consumidoras do produto. Se convencidas, elas podem gastar muito tempo do distribuidor, que poderia estar treinando e acompanhando alguém com o perfil adequado e que fizesse valer seu tempo. Lembre-se: o controle é seu!

A melhor técnica para isso é a rodada de perguntas nos treinamentos, porque as objeções são sempre as mesmas. No MMN não existem erros novos e para cada objeção respondemos com outra pergunta. Nunca afirmamos nada, assim fazemos nosso candidato falar, ficamos sabendo o que ele pensa e podemos avaliá-lo melhor e conduzi-lo ao fechamento ou cancelamento. Cada vez que fechamos aqueles com um perfil excelente, eles trarão pessoas com esse mesmo perfil. E os próprios distribuidores vão aprendendo e melhorando suas habilidades para o perfil certo, então só há benefícios.

5.6.10 Objeções

Toda venda (assim como passar o plano) é uma linha, da qual não podemos nos desviar. Não compre a dor do seu candidato. Você quer que ele fique com a solução, e não ao lado do problema – e todos têm problemas. Procure saber se ele tem garra e força: para isso, não compre a dor e siga a linha. Para cada objeção há uma única pergunta; para cada resposta, outra pergunta. No plano consiste o maior desafio: nunca afirme nada, somente pergunte para descobrir o perfil.

Cada rejeição é planeada pelo recrutador/distribuidor

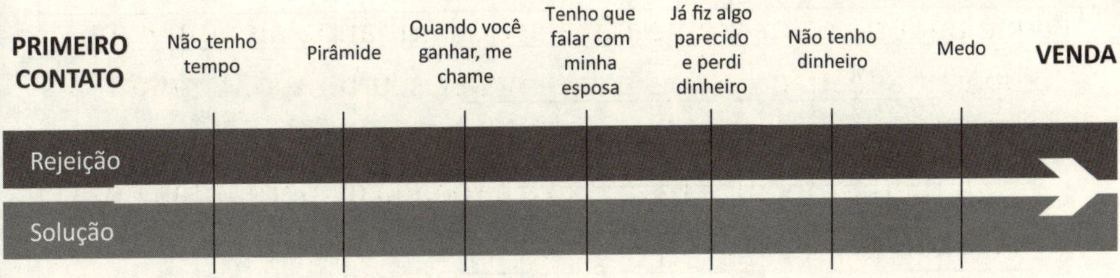

A venda começa a partir da primeira rejeição

Final

Após as entrevistas, o *round* final é realizado, pedindo-se os números de cada um para que o máster líder preencha uma lista de eficiência. Cada líder transforma sua lista de entrevista em uma *pick-up list*, ou seja, se tenho 10 de 30 reservados e chegaram 8 de 24 na minha *pick-up list*, devo escrever esse 8 e dizer “fechado”, “cancelado” ou "aberto" para acompanhamento e ir dando o resultado até o dia do treinamento.

Lista de eficiência

Round

	Equipe____						Hotel ____				
Nomes	PREVISÃO		RESERVADO		CHEGADOS		Realístico		PAGOS		
	Treinamento		DIA DA OPEN		DIA DA OPEN		DIA	efft%	Dia	efft%	
	Convid.	Pes.	Convid.	Pes			Real		Real		META
TOTAL											

Executivos			
Quebra de convidado			
Quebra de sala			
Total de cadeiras			
Movimento de cadeiras			

O máster líder lembra os próximos compromissos e os acompanhamentos e treinamento da próxima semana. De acordo com o resultado dessa apresentação e dos fechamentos da semana anterior, você saberá que tipo de treinamento dará aos seus líderes, e também para os novos! Se você teve muitos convidados, mas sem perfil, priorize o perfil; se teve bons, porém poucos, treine convite e acompanhamento, seguindo o Método Sem Limites.

PICKUP LIST	LÍDER: ______________		C 1	P 1	F 1	MOTIVO
Nome	Data	Local				
Célula		Total				
Diretor						
Consultor		Eficiência		%		
		Perda		%		

5.6.11 *Round* inicial

Para finalizar este capítulo, vamos ao *round* inicial: o início de apresentação; o treinamento; reunimos os líderes e fazemos a preleção, ou seja, damos um resumo do objetivo do evento, vemos se está tudo certo, relembramos os passos e damos um recado motivador para deixar todos alinhados com brilho nos olhos, prontos para receber nossa equipe, que tanto precisa encontrar pessoas preparadas e motivadas.

Lembre-se de nunca dar broncas, informações negativas ou falar de problemas. Caso exista algo, diga apenas em particular. Todos precisam estar em alta, pois o objetivo maior é o resultado das pessoas que estão investindo seu tempo para ir até o evento, dar o grito de guerra e abrir as portas.

5.6.12 *Round* final

Há dois *rounds* finais: o da apresentação e o do treinamento, os quais começam após todos saírem da sala e de o material inteiro estar desmontado.

No *round* da apresentação, pegam-se os números, os quais são analisados com base na *pick-up list*. Peça o realístico, ou seja, o número real de fechamento, aquele que não tem erro (não pode ser 35% abaixo da reserva; este é o mínimo e você tem de lutar por ele e, se não o atingir, algo está errado). O realístico e os mais assertivos são notados aqui, os quais serão os principais líderes de APNs; por isso, dê ênfase a quem cumpre realístico. Neste *round*, comece com o que deu certo e errado na apresentação, anotando tudo para que seja corrigido em momento oportuno. Motivamos para o dia seguinte a fim de dar acompanhamento e continuar os planos. Neste momento, sem broncas ou notícias negativas, o evento é encerrado com o grito de guerra.

No *round* do treinamento, pegue os números finais da *pick-up list* e veja quem cumpriu o realístico, a fim de que todos batam palmas. Peça atenção a quem não o cumpriu e dê atenção às falhas e aos convites para a próxima apresentação. Se quiser, "desça a lenha", porém acabe sempre em alta, aliviando a tensão. Nunca dê uma bronca individual, sempre coletiva. Caso tenha algo individual a falar, conforme dito, chame a pessoa e tente entender os motivos dela para não ter superado suas expectativas. Ajude-a com dicas positivas. Depois, faça o grito de guerra e libere o pessoal para jantar.

Os detalhes fazem toda a diferença, e é aí que está a excelência. Nós somos o que fazemos repetidamente, portanto a excelência não é um ato, e sim um hábito!

5.7 Apresentações caseiras

As apresentações caseiras consistem em mais uma ferramenta importante de recrutamento. Ir à casa de nossos amigos para mostrar uma oportunidade é algo excelente para dar velocidade na rede, porém temos que dar atenção a alguns detalhes, e vamos passar aqui as opções de como fazer isso antes ou depois da *open*.

Mesmo fazendo a apresentação caseira, é imprescindível conectar seus novos distribuidores ao sistema e, em muitos casos, eles querem conhecer a *open* antes de entrar ou assinar, por isso temos algumas dicas e considerações.

Quando passamos a oportunidade de negócios um a um, gosto de convidar as pessoas que foram selecionadas para ir a um ambiente que eu domino e que preferencialmente cause uma experiência, como, por exemplo, um belo café, restaurante ou hotel, mas, se eu for na casa da pessoa, tenho que dominar o assunto, pois terá mais distrações como filhos, telefone, assuntos domésticos etc. O ponto positivo é que o ambiente é mais íntimo, por isso aproveite e seja menos formal; lembre-se de que você deve ser a pessoa interessante e não a interessada. Contudo, quando se trata de uma reunião caseira com mais de dois convidados, há uma complicação um pouco maior, pois quem for passar o plano tem que ter habilidade para não perder a linha de raciocínio com as distrações da casa e com possíveis pessoas negativas que podem lançar perguntas atravessadas. Então tenha as perguntas para responder às objeções na ponta da língua a fim de não perder convidados.

Quando as pessoas se cadastram por meio de uma apresentação caseira, acreditam que essa seja a melhor maneira, no entanto, para realizar esse tipo de apresentação é necessário treinamento, domínio da informação e ir ou ter uma casa próspera a fim de ter um ambiente ideal para mostrar uma proposta vencedora; e, quando se tem mais de dois convidados, é praticamente o *script* da *open*, mas sem todo o aparato do evento, por isso treinar é fundamental.

Sempre esteja muito bem-vestido, elogie sem bajular e só responda a objeções com perguntas, assim você fará as pessoas pensarem e não irá contra a crença irracional de nenhum convidado. Entretanto, quando um convidado está vendo uma apresentação ou um plano, ele tem duas perguntas para responder para ele mesmo, que são as seguintes:

1. Será que esse negócio funciona?
2. E será que funciona para mim?

Então se ele achar que não pode fazer o que você fez, provavelmente ficará em dúvida, por isso, quanto mais simples e duplicável for o processo, mais nossa rede irá crescer.

Então quero trazer aqui uma abordagem diferente para a apresentação caseira, e você poderá usá-la se quiser. Ir à casa das pessoas é muito importante para conhecer a realidade e estabelecer sonhos, prioridades para o hábito número 1 e se aproximar dos seus futuros líderes, criando uma verdadeira conexão. No entanto, a ação de ir na casa de uma pessoa apresenta alguns pontos não tão positivos; pareço um vendedor querendo vender alguma coisa a alguém, e para ter sucesso nessa venda tenho que ter habilidades, as quais levamos algum tempo para adquirir; ou seja, minha base vai queimar contatos se não tiver bem treinada, sem contar que todos gostam de comprar, mas quem gosta que lhe vendam algo? E, quando seu líder faz a apresentação caseira para seus amigos, eles ainda pensam: “Se ele tem tanto sucesso, o que está fazendo aqui?”. Além disso, o ideal é que meu amigo ou possível novo distribuidor se torne um líder, e não apenas um comprador. E sem ver algo maior ele não virará a chave, que é a função número um dos eventos.

Então podemos enfrentar esses pontos negativos, continuar dando agilidade, fazer esse tipo de apresentação e levar quem quiser ir aos eventos, porém há muito resultado de cadastro nessa modalidade, mas pouca retenção, pois as pessoas preferem a comodidade. No entanto, ao preferir ficar na zona de conforto, não existe crescimento; a virada de chave e a motivação com o sistema não acontecem.

A outra opção seria treinar toda a base para convidar de maneira profissional para a *open* e usar as entrevistas e planilhas[3] como forma eficaz para acompanhamento a fim de ir à casa das pessoas fazer a caseira somente para fechamento, e para iniciar o treinamento dos 8 Hábitos. Dessa maneira, você é recebido na casa das pessoas como um verdadeiro líder, já que o convidado viu a grandiosidade do projeto, conheceu o seu trabalho e a sua importância no sistema, e assim você terá mais atenção. Além disso, estamos criando o hábito de levar as pessoas ao sistema, o que é mais duplicável, pois as casas têm suas limitações, e para convidar não se exigem tantas habilidades quanto passar plano na casa das pessoas, ou mesmo no um a um; a base leva algum tempo para aprender a passar plano, mas para convidar a um evento usando nossas técnicas de três perguntas (descritas no Módulo 3, no Capítulo 3) qualquer um faz várias vezes ao dia, ou seja, todos podem fazer!

Assim, toda a sua base leva os convidados para *open* e os líderes junto com a base saem fazendo as apresentações caseiras de treinamento e fechamento.

É lógico que as duas coisas podem acontecer simultaneamente, e, no meu caso, optei por colocar todos no sistema, e nos dias seguintes todos na casa das pessoas fazendo as caseiras para fechamento. Alguns falam que é mais lento, pois a *open* é uma vez por semana e a caseira é diária, mas não é bem assim; as duas formas são rápidas, mas a segunda é mais eficaz para a retenção e duplicação,

---

3 Este material consta no bônus do Módulo 3.

pois não é preciso tanta habilidade e vou explicar o porquê. Meus líderes passavam plano um a um sempre em lugares prósperos, e toda a base convidava para o sistema que funcionava de final de semana, então tínhamos 30 mil pessoas em 28 sistemas, em várias localidades do Brasil, com 12 mil convidados em média, e de segunda a quinta-feira meus líderes estavam acompanhando a base em 12 mil apresentações caseiras por todo o país, porém essas pessoas já tinham sido impactadas com informações dadas de maneira correta e padronizada, tinham visto a grandiosidade da empresa e conhecido várias pessoas de resultado, e as caseiras eram muito mais fáceis, praticamente era o primeiro treinamento para levar os primeiros convidados para a próxima *open* e até aconteciam alguns planos, mas o fechamento era de 40%. E indo às *opens* em bons locais as pessoas se sentiam bem, faziam vários amigos com outras experiências e se sentiam parte de algo maior, e isso gera retenção.

E se na minha cidade não tem sistema?

Neste caso, você aplica a técnica do plano um a um e da apresentação caseira da maneira tradicional, observando os pontos de distração e estando muito bem treinado, e, pelo menos uma vez ao mês, compareça à *open* mais próxima; organize um ônibus de viagem até conseguir ter um sistema na sua região, e nunca falte aos eventos oficiais. A regra é: não deixe as apresentações caseiras tradicionais colocarem sua equipe na zona de conforto e com preguiça de viajar, pois não existe progresso sem movimento!

6 ACOMPANHAMENTO

A mudança de hábitos vai definir se você ficará abaixo da linha do empregado (escravo moderno) ou acima da linha do empreendedor (Rainmaker) que constrói resultados.

Quando falamos em alavancagem do Marketing Multinível, não dá para deixar de fora o 6º hábito: o acompanhamento, um dos mais importantes para o crescimento e o sucesso de uma pessoa que deseja fazer do MMN a sua catapulta para o sucesso financeiro, alcançando a tão sonhada liberdade de escolhas e fazendo parte do seleto time dos 5% que têm dinheiro para o que quiser, a hora que quiser e quando quiser.

Dentre os 8 Hábitos, este é o mais forte e também o mais difícil de ser aplicado, pois requer muitas ações em campo. Ao adquiri-lo, porém, 30% dos resultados estarão garantidos.

O 6º hábito é o acompanhamento de todos os outros hábitos e de todas as ações de formação de equipe, ou seja, você tem de se certificar de que eles estão sendo aplicados. Além disso, há as ações de execução de acompanhamento em campo, as quais precisam ser desenvolvidas pessoal e individualmente com cada *down line* seu.

Caso esse hábito não seja executado com vigor, tenha a certeza de que você cometerá os mesmos erros que da maioria das pessoas que escolhem o MMN como sua alavancagem para o sucesso. A falta de atenção ou a falta de empenho ao 6º hábito poderá causar a sua desistência e inviabilizar o seu sucesso.

O maior erro que aqueles que querem fazer fortuna com o Marketing Multinível cometem é não trabalhar na duplicação e na retenção – o reflexo do acompanhamento –, simplesmente indicando pessoas para o seu negócio, as quais também iniciam e desistem na mesma velocidade (por falta de suporte, liderança, apoio, estruturação de equipe, treinamento... ou seja, por falta de acompanhamento). O trabalho é sempre executado na lateralidade, deixando-se de lado o acompanhamento na profundidade e na retenção da equipe. Isso acontece em razão da falta de aplicação do 6º hábito, problema resolvido facilmente com a estratégia da raiz mestra, que, por sua vez, motiva várias ações de aprendizado e fortalece a crença, a preparação, a motivação de resultados, a rentabilidade e, ainda, enraíza a profundidade da equipe, a qual, assim como uma árvore de raízes profundas, suporta grandes vendavais. Esse tipo de rede enraizada com grande profundidade também suporta grandes dificuldades, pois alguém sempre lhe dá apoio, mostrando grandes resultados que motivam os desmotivados.

Antes de falar sobre a raiz mestra, que é uma das grandes ferramentas de início de rede e que fomenta os primeiros acompanhamentos, conheça os tipos de acompanhamentos que o 6º hábito abrange.

6.1 Acompanhamento da criação do Quadro dos Sonhos

Tão importante quanto criar o seu Quadro dos Sonhos (1º hábito) é garantir que seu *down line* o crie. Isso o fará voltar a sonhar e a definir novamente seus objetivos de vida, tendo um grande motivo para desenvolver o negócio com afinco. Como você acompanhou a criação do Quadro dos Sonhos dele, saberá exatamente pelo que ele estará se esforçando e conhecerá seus sonhos. E, quando ele fraquejar, você fará as seguintes perguntas: "Tem certeza de que quer desistir dos seus sonhos? O que aconteceu com a casa, a viagem, o carro, a escola dos filhos, a qualidade de vida que você sonha para sua família? Já era? Vai desistir deles? Vai fazer como os fracos, simplesmente desistir e pronto? É esse futuro que você quer para você e sua família?".

Sabendo dos sonhos dos seus *down line*, saberá exatamente o ponto que deve lembrá-los para que eles não desistam de conquistar o sucesso, informações que você conhecerá em um único dia de acompanhamento: o início do 1º hábito do seu *down line*. Depois disso, você terá habilidades para fazer a retenção.

6.2 Acompanhamento da criação do Quadro de Compromisso

O acompanhamento da criação do Quadro de Compromisso (2º hábito) é muito importante para que você saiba qual dia e horário poderá estar com seu *down line* para trabalhar no negócio. Assim como uma agenda, o Quadro de Compromisso diz exatamente o dia da semana e o horário que o seu *down line* assumiu como compromisso de trabalho; sua agenda, portanto, já estará pronta para ser colocada em ação.

6.3 Acompanhamento da criação da lista de contatos

É muito importante estar com o seu *down line* na criação da lista de contatos (3º hábito), pois você já tem experiência e saberá conduzi-lo na criação de maneira correta e assertiva. O aproveitamento, assim, será muito melhor e o trabalho colherá bons frutos.

6.4 Importância do acompanhamento para o convite

Para que o seu *down line* sinta segurança e o veja como o seu líder, você tem de dar atenção a pontos simples, como acompanhá-lo no primeiro contato ou convite – seja uma venda de convite para uma *open* ou um simples convite por telefone para marcar um café a fim de passar o plano. Essa atitude mostra que você realmente está empenhado no sucesso dele, dando segurança e confiança ao seu *down line*. Isso é necessário para retenção e duplicação.

6.5 Acompanhamento da primeira apresentação de plano e fechamento do primeiro membro de equipe do seu *down line*

Esse hábito é uma transferência de *know-how*. Você mostra ao seu *down line* como se faz, para que ele faça com os *down line* dele a mesma coisa, garantindo a duplicação da equipe.

6.6 Como acompanhar os membros de equipe que você fecha pela internet

Por causa do uso da tecnologia e do impacto da internet na vida das pessoas, não há mais fronteiras no mundo. Antigamente, as equipes de MMN cresciam regionalmente e tudo acontecia presencialmente, pois os amigos eram regionais. Hoje, com as redes sociais, esse quadro mudou. Agora, você pode se relacionar com indivíduos de todas as regiões, de todos os países e falantes de vários idiomas sem sair de casa, por isso é bom se antenar e conhecer bem as redes sociais e os aplicativos disponíveis para relacionamento. Faça uso dessas tecnologias para dar acompanhamento.

Quando seu *down line* está em uma região distante e você não consegue fazer o acompanhamento presencial, use o que estiver ao seu alcance para tanto: Facebook, Skype, WhatsApp, YouTube, salas de conferências e muitas outras que irão surgir. O importante é você estar conectado com a sua rede, independentemente da distância. Com a tecnologia disponível e gratuita, você pode compartilhar arquivos, a tela do seu computador, dar treinamentos etc., e manter sua rede de network conectada.[4]

6.7 Raiz mestra

Essa é uma técnica incrível para fazer crescer, reter e acompanhar a sua equipe. É importante que você a conheça a fundo e a aplique cegamente, sem desculpas ou preguiça. Tem de fazer, fazer, fazer e fazer.

Agora que entendeu os tipos de acompanhamento que devem ser executados no 6º hábito, você vai aprender como funciona a raiz mestra, um dos passos mais importantes desse hábito para o seu crescimento e duplicação.

6.7.1 Raiz mestra em ação

A raiz mestra provém justamente do trabalho de acompanhamento que, fatalmente, leva à duplicação e à retenção, em razão do método aplicado um a um e em linha mestra.

Quando esse trabalho de acompanhamento é executado, quatro consequências importantíssimas para a retenção da sua equipe são geradas:

1. Acompanhamento;
2. Treinamento;

---

4 Na última página deste livro, deixaremos nossos contatos para que você possa receber orientações de como fazer uso dessas tecnologias. Identifique-se como nosso leitor para que possamos ensiná-lo com eficácia.

3. Duplicação;
4. Resultado.

A aplicação da raiz mestra força o trabalho individual do seu *down line*, gerando resultado financeiro, ao mesmo tempo em que provê o crescimento da sua equipe e da equipe descendente gerada em seu *down line*.

É importante lembrar que o 6º hábito é uma engrenagem poderosa, porém tem de ser executado fielmente. Não dá para fazer isso por telefone, tem de ser presencial. Dê o exemplo.

Nos dias de hoje, o tempo está cada vez mais escasso e acumulamos muitas tarefas. Nossa cabeça não consegue se lembrar de tudo; se assim o fizermos, teremos muitas falhas. O uso de planilhas, portanto, é fortemente indicado.

Quando falamos em estratégia da raiz mestra, referimo-nos ao conceito de enraizamento, ou seja, quem dá a sustentação e a durabilidade de uma equipe de MMN é a sua profundidade, e não a sua lateralidade. Quanto mais profundas forem suas raízes, menores são as chances de a rede morrer; quanto mais raízes tiver, maior será a sustentação da sua rede.

Umas das grandes facetas da raiz mestra, além da duplicação e da retenção, é que no momento do acompanhamento você está ensinando e, quando a pessoa está aprendendo, ela se envolve com o seu negócio, sentindo prazer em participar de algo maior que pode lhe dar como recompensa o sucesso financeiro e a realização de seus sonhos.

Entendendo a raiz mestra

Para aplicar a raiz mestra, você precisa seguir três passos antes de iniciar o trabalho:

1. Faça o seu Quadro dos Sonhos;
2. Faça o seu Quadro de Compromisso;
3. Faça a sua lista de convidados.

Não se ensina aquilo que não se sabe. O velho ditado "Faça o que eu mando, mas não faça o que eu faço" não funciona mais nos tempos de hoje. Você realmente precisa ter feito, ter vivenciado o resultado na prática para poder ensinar. Simples assim.

Após seguir os três passos mencionados anteriormente, você precisa saber quantos *down lines* tem de patrocinar, para preencher a sua primeira linha de descendentes, ou seja, o seu primeiro nível abaixo de você. Vamos supor que a empresa da qual faz parte adotou um sistema que usa três *down lines* (A-B-C) para preencher o seu primeiro nível. Sabendo disso, você vai a campo patrocinar o seu primeiro *down line*, que será o seu (A). Quando você patrocinar o seu primeiro *down line*, terá dado início à aplicação da estratégia raiz mestra em sua equipe. Conheça o passo a passo da aplicação dessa estratégia.

1º: Você patrocinará o seu A.

2º: Você vai ensinar o seu A a executar os três primeiros passos iniciais, que são os seguintes: Quadro dos Sonhos, Quadro de Compromisso e lista de convidados.

3º: Você vai ajudar o seu A a selecionar e a patrocinar o A dele. Separe dois dias da semana para fazer esse trabalho com o seu A. Não necessariamente você o estará ajudando a patrocinar o A dele; na verdade, você o ensinará a trabalhar a raiz mestra, e ele terá quatro dias para achar e patrocinar o B e o C dele. A diferença é que, como você o acompanhou e o ensinou a patrocinar, ele já saberá como prosseguir.

4º: Você irá selecionar e patrocinar o seu B, repetindo o mesmo processo seguido com o seu A: dedique dois dias ao B para que ele aprenda a realizar o trabalho; assim, você o auxiliará e o treinará a achar e patrocinar o A dele.

5º: Você irá selecionar e patrocinar o seu C, seguindo o mesmo procedimento que você seguiu com o A e o B; assim, você completará o seu primeiro nível.

6º: Agora, você trabalhará com o A do seu A, o A do seu B e o A do seu C.

Neste momento, você está trabalhando seis dias por semana, ensinando três pessoas – uma de cada lado da rede –, e os três que você duplicou (que são o seu A, o seu B e o seu C) farão exatamente a mesma coisa. Ou seja, você está duplicando o seu conhecimento em outras pessoas para que elas façam exatamente o mesmo que você. Toda pessoa que você duplica, portanto, estará duplicando por 3 o seu resultado, 3 vão para 9 pessoas, de 9 pessoas irão para 27 pessoas, e assim sucessivamente. Em muito pouco tempo, você poderá construir uma equipe com mais de mil pessoas ativas.

Ponto importante no 6º hábito é o acompanhamento utilizando planilhas, as quais podem ser impressas ou on-line. Esse controle tem de existir. Não dá para confiar na cabeça ou construir uma equipe de qualquer jeito. É preciso saber exatamente o que está acontecendo para aplicar o treinamento ou a ação certa no momento certo e para as pessoas certas. Da mesma forma que você usa uma agenda para controlar os seus compromissos, precisa das planilhas para ter um raio-X e controlar a sua equipe.

A técnica das planilhas funciona. Quando eu atuava na construção de rede, e a minha rede começou a crescer, comecei a me perder no acompanhamento; às vezes, esquecia o que marcava ou marcava dois acompanhamentos no mesmo dia e horário, afinal de contas, como me lembrar de todas as pessoas e fazer todos os acompanhamentos necessários sem me perder na agenda e sem esquecer quem precisa de acompanhamento? Como gerenciar tudo isso? Foi então que nasceu a necessidade de aprimoramento.

Lembrei-me das planilhas em Excel, as quais eu tanto usava para controle da minha empresa convencional, afinal são uma mão na roda para fechamento de caixa, pagamento de funcionários, dentre outras funções. Pensei comigo, então: *Podem ser uma grande aliada na construção de rede também*.

Comecei a profissionalizar o acompanhamento com as planilhas, criando vários tipos delas para saber o que fazer, quem poderia cobrar, que tipo de treinamento eu poderia dar, quem estava comprometido com a construção da rede. Para tanto, fiz uso do notebook como ferramenta indispensável nos acompanhamentos. Pude formar, assim, a maior equipe da companhia na qual eu trabalhava. Conheça, agora, as planilhas e para que servem no momento do acompanhamento.[5]

A planilha disponibilizada a seguir chama-se Quadro de Compromisso. Nela, você vai inserir os dias da semana em que se comprometerá com o seu negócio, bem como o que fará em cada dia e horário que destinou para desenvolvê-lo. Por exemplo: passar plano, convidar, treinamento, apresentação. Dessa maneira, você se organiza. Coloque o seu Quadro de Compromisso na porta de saída da sua casa, no espelho, na tela de descanso do computador; programe o despertador do celular para lembrá-lo desses compromissos etc.

---

5 Essas planilhas podem ser solicitadas por meio dos canais oficiais relacionados ao final do livro, ou pelos *links*, caso você estiver lendo o livro eletronicamente.

Faça a mesma coisa com o seu *down line*, pedindo a ele que elabore o Quadro de Compromisso dele. Assim, saberá os dias em que ele estará disponível, já com compromisso assumido, para que você possa acompanhá-lo, seja para executar a raiz mestra, ir a treinamentos, a uma apresentação ou até mesmo para tirar dúvidas. Não haverá mais desculpas, pois compromisso assumido é compromisso que pode ser cobrado. O acompanhamento ficará perfeito.

7
PROGRESSO

Verificar o seu progresso é tão importante quanto saber o que você quer para sua vida. Esse hábito o aproximará da excelência.

A autoavaliação é umas das grandes facetas do 7º hábito. Se você quer realmente ter sucesso na indústria do Marketing Multinível, o 7º hábito tem de ser levado muito a sério. Essa é uma das maneiras de acompanhar o seu progresso e saber o que a sua equipe está fazendo, como está sendo o resultado obtido e que tipo de treinamento deve aplicar ou solicitar à sua liderança ou à própria empresa. Lembre-se, para quem não sabe aonde quer chegar, qualquer lugar serve.

Pensando nisso, criamos uma série de planilhas especiais que fazem isso por você. Não é preciso ser mestre nas planilhas, basta solicitar uma planilha pronta.[6]

6 Acesse os canais oficiais relacionados ao final do livro.

7.1 Verificando o progresso desde a lista de contatos

Com a planilha da lista de contatos, você consegue visualizar quem está trabalhando, analisar o ritmo de trabalho, saber qual é a proporção de aproveitamento de uma pessoa e, inclusive, acelerar seu resultado. Além disso, é possível acompanhar os fechamentos e conduzir a raiz mestra com grande aproveitamento sem deixar nenhum detalhe escapar ao seu trabalho, apontando onde determinada pessoa precisa crescer. Por exemplo, se está com uma proporção de 1/10 e atuando apenas oito dias por mês, mostrando um único plano por dia, significa que, ao fim do mês, seu *down line* pode não conseguir colocar ninguém na rede dele, porque terá falado com apenas oito pessoas e não atingirá a proporção. Sendo assim, ao fazer o acompanhamento desse trabalho, poderá orientá-lo a aumentar o número de contatos dele ou a quantidade de dias que ele está trabalhando, atingindo o objetivo desejado. Neste caso, ele precisará falar com, no mínimo, dez pessoas para colocar uma nova na equipe.

Muitos têm o péssimo hábito de usar a agenda de contatos do celular como lista de contatos. O problema é que, além de a pessoa não a usar corretamente, também não há como fazer acompanhamento, já que o celular é pessoal. E, o pior, é preciso contar com boa memória para saber com quem falou sobre o negócio. Sendo assim, ajude o seu *down line* a trocar esse péssimo hábito. O grande desafio para quem está desenvolvendo o 6º hábito é justamente fazer o *down line* extrair do celular os números que serão trabalhados e acompanhados por você. Veja o exemplo desta planilha.

GC	Lista de convidados	01/jan		Aceitou	Recusou	Não respondeu	Dia	Hora	APN	Fechou	Não fechou	Espera	Acompanhamento
				1	1	1							
	Nome	Cell/WhatsApp	E-mail										
									o				
									o				
									o				
									o				
									o				
									o				
									o				
									o				
									o				
									o				
			Total	o	o	o							

Dica de convite para o grau de confiança 1: Cara, me apresentaram um negócio que achei bárbaro e que preciso mostrar para você e saber sua opinião. Acha que podemos nos encontrar amanhã ou depois de amanhã? Qual desses dias ficaria melhor pra você?

Dica de convite para o grau de confiança 2: Olá, [nome da pessoa], tudo bem com você? Me apresentaram um negócio do qual gostei muito, mas muito mesmo, e na mesma hora me lembrei de você, por isso te liguei. Podemos nos encontrar amanhã ou depois de amanhã? Qual desses dias ficaria melhor pra você?

Dica de convite para o grau de confiança 3: Olá, [nome da pessoa], tudo bem com você? Quanto tempo, hein? {aplica a CHAVE FORM} Então, na verdade eu te liguei porque quero te mostrar um novo modelo de negócios.

A distância ou sem tempo: Skype

CONTATOS	APN	APN	APN
o	o	o	o
PROPORÇÃO	PROPORÇÃO	PROPORÇÃO	PROPORÇÃO
o	o	o	o
CONVITE	FECHAMENTO	PERDA	FINALIZAÇÃO
Proporção menor que 50% necessário TREINAMENTO DE CONVITE E FORMAÇÃO DE LISTA	Proporção menor que 30% necessário TREINAMENTO DE FECHAMENTO	Proporção menor que 70% necessário TREINAMENTO DE CLASSIFICAÇÃO DE PROSPECT	Proporção acima de 50% necessário TREINAMENTO DE FINALIZAÇÃO

7.2 Verificando o progresso utilizando a lista de reserva

Uma das verificações de progresso que geram força de trabalho é a lista de reserva, usada em *opens*, mencionadas e ensinadas no 5º hábito. Esse tipo de evento é muito bom, porque dá a oportunidade para você ou seus *down lines* e outras equipes que não conseguem passar o plano ou não estão preparados ainda. Quando uma *open* é realizada, você e seus *down lines* levam seus *prospects*, os quais assistem a uma apresentação de negócios ministrada por uma pessoa que está há mais tempo na companhia e se encontra preparada para falar sobre a oportunidade de negócio. Esse evento é ideal para aumentar a sua equipe e forçar seus *down lines* a ter uma melhor dedicação e fortalecer o seu compromisso e o compromisso de sua equipe com o negócio.

Para fazer o acompanhamento do progresso da sua equipe, implante a lista de reserva, que, além de ser usada para fazer a reserva da equipe e dos convidados que vão participar da *open*, proveem todo acompanhamento do trabalho desenvolvido pela sua equipe pessoal e pela equipe do seu *down line*. Além disso, é possível medir quem tem o melhor desempenho e quem tem a melhor desenvoltura na construção de rede.

Fazendo esse acompanhamento, você também poderá saber quem será o seu próximo gestor de equipe, a quem poderá confiar todo o trabalho de acompanhamento e a duplicação que vem realizando. Será mais fácil saber quem é o seu melhor líder e delegar; assim, você fica livre para trabalhar uma nova rede e abrir uma nova lateralidade, fortalecendo ainda mais o seu trabalho.

			Data	Local		
C	E	Lista de reservas	Escreva aqui o nome do líder		RESERVA TOTAL	
1	1					
		Nome	Cel/WhatsApp	E-mail		
					o	o
o	o					

Lista de reserva

7.3 Verificação de progresso de trabalho de fechamento com a *pick-up list*

Como você pode perceber, o acompanhamento tem de ser feito em várias etapas para definir o seu progresso, e o último acompanhamento a ser feito para fechar o ciclo é o acompanhamento de fechamento do *prospect* de seu *down line*, o qual denominamos *pick-up list*. Esse formulário é preenchido no momento em que seu *down line* fecha um contrato e o *prospect* está disposto a efetuar o pagamento e agenda o pagamento para outro dia. Nesse momento, seu *down line* preenche a *pick-up list*, compartilhando-a ou a enviando a você para que possa acompanhar presencial ou virtualmente. Não importa como será seu procedimento. É essencial acompanhar e dar todo o suporte no momento da ação, etapa em que surgem muitas dificuldades que necessitam do seu apoio ou do apoio do seu *up line* ou liderança. O *prospect*, por exemplo, pode combinar de encontrar seu *down line*, mas não aparecer para concretizar o contrato. Pode acontecer, também, de ele dizer que a esposa não aceitou fazer parte do negócio, ou que pensou direito e descobriu que aquilo não é para ele; ou, ainda, que conversou com a família e foi negativado ao ponto de desistir. Quando isso acontece, só mesmo alguém experiente que esteja fazendo o acompanhamento em tempo real poderá auxiliar na quebra de objeções e na eficácia do fechamento.

Para superar esses obstáculos, é bom organizar um bate-papo depois do fechamento para discutir as iniciativas que deram certo, as ações produtivas, os pontos importantes para o fechamento, as novas objeções, para que tudo isso seja utilizado no próximo fechamento. Essa experiência pode ser aplicada em forma de treinamento ao restante de sua equipe.

Outro ponto importante da *pick-up list* é que ela mantém seu *down line* ativo e organizado. As pessoas trabalham com mais afinco quando alguém lhes dá apoio ou se sentem que devem entregar resultados.

PICKUP LIST	LÍDER: ______________		C 1	P 1	F 1	MOTIVO
Nome	Data	Local				
Célula		Total				
Diretor		Eficiência		%		
Consultor		Perda		%		

Pick-up list *(acompanhamento de fechamento)*

7.4 Verificação de progresso de crescimento da open

Outra verificação de progresso que faz parte do 7º hábito é o acompanhamento de progresso de crescimento de célula, *open* ou Reunião Aberta (RA). Não importa o nome que cada empresa dá para as apresentações abertas ao público, mas, sim, saber quem está presente, quem assistiu, quem entendeu, quem tem o perfil. Para isso, é necessário fazer o acompanhamento de todos os presentes, sejam eles um novo *prospect* que veio conhecer o negócio ou integrantes da equipe que, sozinhos, foram prestigiar o evento. Você consegue medir o progresso da equipe e saber quem está trabalhando e progredindo.

Esse acompanhamento se faz necessário justamente para que você saiba exatamente qual será a próxima ação a ser executada. Na maioria das vezes, as lideranças cometem grandes erros sem dar atenção a esse tipo de acompanhamento; com isso, o crescimento de sua equipe na rede é comprometido.

Quando você faz o acompanhamento de célula e identifica um novo *prospect*, este deve receber os passos seguintes:

- Entrevista pós-evento – Terminada a apresentação, esse novo *prospect* deve ser entrevistado para saber se tem o perfil necessário para compor a sua equipe.
- Análise de perfil – Quando não se tem o perfil necessário, cancele. No entanto, se encontrar o perfil, este deve ser acompanhado pelo patrocinador e pelo líder de equipe. A partir deste momento, todos os passos são decisivos para o crescimento da equipe de rede.
- Cadastramento – No caso de ter o perfil, o cadastro deve ser feito imediatamente. Não se pode deixar para depois, senão o *prospect* pode desistir do negócio em razão dos ladrões de sonhos, pessoas

totalmente negativas que incentivam a deixar os sonhos para trás, dizendo que "isso" não existe, que a única opção real é o trabalho com carteira assinada. "Quer ser rico? Isso é coisa de ladrão! Ganhar muito dinheiro é pecado. Isso é enganação, você vai perder tudo se entrar nessa!", eles falam. Ou seja, como o ladrão de sonho não enxerga nada acima da linha da diferenciação de classe social, incentiva o *prospect* a se manter na linha de nivelação do empregado e do empreendedor, sempre nivelando por baixo, justamente porque, para ele, a possibilidade de ser empreendedor não existe.

- Preparação – Caso o *prospect* não se cadastre naquele momento, é importante prepará-lo para enfrentar os ladrões de sonhos, que, muitas vezes, estão dentro da própria casa, disfarçados de parentes e familiares. Para que você não perca seu trabalho de seleção, é extremamente importante explicar e orientar o seu *prospect* sobre o que é um ladrão de sonhos e o que fazer caso seja abordado por um. O ideal é orientá-lo a não compartilhar com ninguém o que viu até que tenha feito o cadastro e adquirido o kit. Dessa forma, terá uma motivação para dar certo e prosperar no negócio.
- Acompanhamento para fechamento – Em caso de o *prospect* não conseguir se cadastrar no mesmo dia da apresentação de negócio, você deve encontrá-lo no dia seguinte e fazer as manutenções de dúvidas que podem surgir ou da desmotivação que pode

acontecer. Caso esse passo não seja seguido, a chance de fechamento cai para 10%, o que é muito pequena, e esses 10% dependem exclusivamente da vontade de realização de sonhos do *prospect*, que, na maioria das vezes, não é suficiente para fazê-lo tomar a decisão certa, levando-se em consideração que é um mundo novo para ele e o novo leva a resistência. Por exemplo: "E se não der certo? E se meus amigos não entrarem no negócio? E se eu não conseguir vender os produtos? E se esse negócio não for para mim? E se? E se? E se?". Você deve reacender nele as chamas do "Eu quero, eu posso, eu consigo". Caso não faça isso, os 10% o tirarão do negócio.

Para fazer esse acompanhamento, é necessário que você utilize uma planilha de acompanhamento de célula, *open*, RA ou de apresentação de negócios. Não importa o nome dado a esse tipo de evento, conforme dito anteriormente, mas que você esteja no controle da situação e saiba exatamente o que fazer, como fazer e a hora que deve fazer.

Lista de eficiência

Round

	Equipe______						Hotel______				
Nomes	PREVISÃO		RESERVADO		CHEGADOS		Realístico		PAGOS		
	Treinamento		DIA DA OPEN		DIA DA OPEN		DIA	efft%	Dia	efft%	
	Convid.	Pes.	Convid.	Pes			Real		Real		META
TOTAL											

Executivos			
Quebra de convidado			
Quebra de sala			
Total de cadeiras			
Movimento de cadeiras			

EFETIV	

Lista de acompanhamento de apresentações de negócios

São várias as etapas que devem ser observadas no 7º hábito, mas lembre-se de que seu progresso depende da sua atenção. Quando falamos em progresso, abordamos tudo que tem potencial de crescimento e que impacta diretamente em seus resultados pessoais. O interessante é que progresso pessoal não significa apenas seus números de crescimentos diretos, mas também o crescimento dos seus números indiretos, pois o seu trabalho não se limita unicamente a você ou a apenas indicar pessoas e crescer a sua rede de diretos, tampouco suas vendas diretas. A medição deve ser feita com toda a sua equipe descendente, porque a partir do momento que você cria uma equipe significa que ela é a extensão do seu trabalho, uma extensão dos seus esforços. O resultado da sua equipe é reflexo unicamente do seu trabalho, então se ela vai mal o seu resultado também irá mal. Se a equipe estiver crescendo, quer dizer que você está crescendo, ou seja, o seu progresso depende do progresso da sua equipe.

Para verificar o seu progresso, faça a medida do quanto a sua esquipe está crescendo semanalmente; assim, você terá um ponto de partida e alcançará resultados expressivos dentro da sua companhia. Imagine que sua equipe tem cem pessoas e, na semana, entraram dez novos integrantes. Agora, então, você tem conta com 110 pessoas na sua equipe, ou seja, ela está crescendo 10% por semana. Perceba que agora você já tem um número para iniciar o 7º hábito.

Agora que achou o ponto de partida, pergunte-se: "Será que essa porcentagem é real ou falsa? Como achar o número de crescimento correto para iniciar o 7º hábito?". Geralmente não há resposta para essas indagações, porém hoje você saberá exatamente como fazer. O primeiro passo é separar os inativos dos ativos.

7.5 Separando os ativos dos inativos

Essa separação é extremamente importante para que você não crie falsas ilusões nem se decepcione com o resultado do seu trabalho, achando que não está dando certo.

No seu *BackOffice*, ou escritório virtual – ou qualquer outro nome dado ao seu administrativo, local onde você tem todas as informações da companhia da qual faz parte –, deve haver uma área com todos os nomes dos seus *down lines*. Imprima essa listagem ou passe-a para uma planilha, separando os ativos dos inativos.

Considerando ativos todos aqueles que estão participando ativamente da sua equipe, seja indo aos treinamentos, fazendo vendas de produtos ou simplesmente indicando pessoas uma vez ou outra. Ao fazer essa separação, passe a considerar apenas os ativos. Por exemplo, se você tem trezentas pessoas na sua equipe, porém somente cem estão participando de alguma forma, o número a ser considerado é cem; os outros duzentos não contam, pois não produzem nada e provavelmente não produzirão mais. Assim sendo, considere apenas os ativos para desenvolvimento dos trabalhos; consequentemente, somente eles poderão fazer parte da avaliação do seu progresso.

7.6 Verificando o progresso da sua equipe ativa

Agora que aprendeu a fazer a separação dos ativos e inativos, é importante saber que uma boa equipe cresce pelo menos 30% ao mês; abaixo disso, algo estará errado. Tendo esse número de crescimento como base, procure trabalhar para que sua equipe cresça entre 25% e 35% ao mês. Ao analisar seu progresso, você verá qual é o seu crescimento com base nos números obtidos. Desenvolva algumas ações para tanto. Se a sua equipe está crescendo só 10% ao mês, pode ser que você não esteja dando treinamento, ou, se estiver, algo não está funcionando. Neste momento, reúna-se com os seus principais líderes e tente entender o que está acontecendo. Algo deve ser feito. O ideal é no mínimo 30% ao mês, não aceite menos do que isso.

Outro ponto a ser medido é a mortalidade da sua equipe. Se a equipe estiver crescendo, porém o número de pessoas que param de desenvolver o negócio for de 50% ou mais, esse é um fator preocupante. Você precisa encontrar os pontos que estão causando essa mortalidade e sanar o problema. Isso pode ocorrer até pela sua popularidade, que, de repente, está negativa perante a equipe, ou até mesmo pela estratégia de duplicação, que não existe ou não está sendo aplicada corretamente. Todos os pontos têm de ser revisados para que o progresso da sua equipe aconteça.

7.7 Verificando o seu progresso

Se a sua equipe estiver crescendo 30% ao mês, significa que esse ponto de progresso está bom; se for menor, precisa melhorar. Se o índice de desistência estiver acima dos 30%, isso é muito ruim e você precisa de ajuda urgente.

Se sua frequência de treinamentos estiver diminuindo ou não estiver crescendo, é um péssimo sinal. Retome essa linha imediatamente e treine sua linha descendente de forma mais consistente. Se não conseguir identificar, peça ajuda ao seu líder ou *up line*.

Agora, se tudo estiver bem, significa que você precisa melhorar mais um pouquinho. Nada é tão bom que não possa melhorar.

Em uma verificação de progresso, é importante checar três pontos básicos e notórios para dar alavancagem:

1. Marketing pessoal – Como está o progresso do seu marketing pessoal? Isso conta muito para o progresso da sua equipe. Lembre-se de que eles o têm como espelho. Se você cresce financeiramente, o seu marketing pessoal deve ir no mesmo ritmo, até você ter seu *personal style* (isso também se aplica ao seu carro). Não se endivide, porém, para sustentar uma mentira.
2. Popularidade – Como está a sua popularidade? Será que você está tendo progresso nessa área ou quanto mais você ganha dinheiro, mais distante fica da sua equipe? Quanto mais você ganha, mais arrogante você fica? Lembre-se de que sua maior riqueza é a de sua equipe e, assim como dinheiro, a equipe não aceita desaforo.
3. Georreferenciamento – Como está a sua moradia? Muitos parecem criar raízes. Há pessoas que, por mais que ganhem dinheiro, não prosperam mentalmente e continuam morando no mesmo lugar. A não ser que você já viva em um local de alto padrão, quando tiver condições, seu progresso estiver em alta e tiver segurança do trabalho que está fazendo, mude de residência. Que ela seja próspera, em um lugar próspero, mesmo que isso signifique mudar de bairro ou até mesmo de cidade, fato de suma importância para ser um grande líder. Não é ostentar,

mas prosperar. Existe uma grande diferença nisso. Atente a esse detalhe: a prosperidade é desejada por todos; a ostentação é odiada por muitos.

Verificação de progresso é isso, é verificar o quanto você está crescendo e saber o que deve melhorar para aumentar ainda mais o seu crescimento. Praticando o 7º hábito, você crescerá o tempo todo e progredirá.

Lembre-se: se algo foi inventado, significa que pode ser seu. A alavancagem do Marketing Multinível proporciona sucesso e liberdade de escolha. Não abra mão dos seus sonhos simplesmente porque alguém disse que não era possível realizá-los.

7.8 Aconselhe-se com a sua linha ascendente

Muitas vezes, você vai se deparar com situações inusitadas ou pelas quais nunca tenha passado antes. Poderá se desesperar, porém, quando isso acontecer, lembre-se de que você tem um patrocinador mais experiente e que já está há mais tempo no negócio. Aconselhe-se com ele.

Caso o seu patrocinador não faça mais parte do negócio, ou não tenha tido experiência necessária para aconselhá-lo, procure a sua linha ascendente. Pode ser o patrocinador do seu patrocinador ou alguém com uma graduação superior e que esteja na sua linha ascendente.

"Saber o que fazer define a pessoa que você será." (Gildevan Ribeiro)

8

DUPLIQUE O PADRÃO DOS 8 HÁBITOS

Ao chegar aqui, reflita. Se o resultado não estiver de acordo com o planejado, com o tempo e com a dedicação ao negócio, volte um hábito!

Se no 7º hábito sua verificação de progresso for ruim, volte ao 6º hábito. Se não tiver ninguém para fazer acompanhamento, volte ao 5º hábito. Caso se tenha uma apresentação, convidados ou plano para passar, vá para o 4º hábito e comece a agendar. Se não tiver ninguém na sua lista para ligar, volte ao 3º hábito e comece a agendar. Em caso de dificuldades, volte para o 2º hábito e reveja seus compromissos assumidos. E, se não tiver compromissos com seu negócio, comece pelo 1º hábito, refazendo seu Quadro dos Sonhos.

De cima para baixo, ou de baixo para cima, o treinamento dos 8 Hábitos é muito útil. São, no mínimo, oito treinamentos em que poderíamos gastar, em cada um, um dia com conceito, das atividades e da prática. Além de ser duplicáveis, servem como um guia para todas as situações que a sua equipe precisa saber para começar a ter resultado no negócio.

O curso Sem Limites vai além em seus 32 capítulos on-line. Nossos eventos ensinam a prática e os truques do dia a dia para lidar com o ego e os obstáculos que encontramos no caminho.

A técnica e o conhecimento são muito importantes, porém MMN é feito de paixão e atitude. Há um grupo de pessoas neste mundo que vivem no limite, com habilidade de avaliar os riscos e focar na recompensa. Elas percebem que a recompensa vale o risco, podem fracassar durante o percurso, reconhecem os riscos, mas estão tentando fazer algo que poucos fizeram até hoje. Será que você faz parte desse grupo?

E, quando alguém disser que você não vai conseguir, lembre-se: o impossível não é um fato, mas apenas a opinião de alguém que tentou e não conseguiu.

Então, mãos à obra. Conquiste o seu espaço. Suas ações transformam seus resultados.

9

O IMENSURÁVEL LEGADO DO MMN

Se você chegou até aqui, talvez esteja se perguntando: "Então o MMN é somente isso? Comprar um kit, consumir produtos e serviços com desconto, construir uma rede com meus amigos e pessoas que querem uma oportunidade para consumir ou vender e com isso fazer pontos na minha rede e receber todos os meses comissões por isso?"

Poderíamos dizer que é muito, mas muito mais do que isso! Este é um modelo de negócios que treina você para a vida em vários aspectos. Qual o modelo de negócios em que você pode ganhar o que realmente merece, sem depender de capital ou conhecimento prévio? Para vencer no MMN, tudo depende da sua dedicação, persistência e estudo, pois as empresas fornecem sua *expertise* gratuitamente, e suas linhas ascendentes (aqueles acima de você) fornecem a experiência do negócio, a experiência vivida! Qual o modelo de negócios em que você somente ganha dinheiro ajudando, capacitando e se importando com pessoas? No MMN quem pensa em si e nos seus próprios sonhos não prospera, esse é um negócio em que aprender a lidar com pessoas, conhecê-las, inspirá-las e motivá-las a cada dia, sendo um pouco líder e psicólogo, é essencial para vencer, e, ao fazer isso pela sua equipe, acabamos em uma jornada de autoconhecimento, doação e desenvolvemos uma autorresponsabilidade enorme.

Mas, quando se vence nesse negócio, não se faz isso sozinho; você só vai chegar ao topo se centenas ou milhares estiverem progredindo com você, e quando você estiver no palco sendo reconhecido pelos seus pares com seus familiares na plateia, nesse dia você mudará, impactará e ajudará a realizar o sonho de milhares famílias que irão lhe agradecer por você não ter desistido, que por sua causa seus filhos estudam em uma escola melhor, moram em um lugar melhor, fizeram a viagem dos sonhos, puderam se curar de enfermidades, dar uma vida melhor aos pais e tudo isso porque um dia você tomou uma decisão e resolveu nunca desistir mesmo diante de tantos motivos para fazê-lo!

E isso sempre me motivou a continuar. Minha vida foi impactada quando participei de uma apresentação de MMN e vi aqueles líderes em prol de sua equipe, e seu resultado vindo do resultado dos demais, muito ao contrário do que acontece no mercado tradicional.

Naquele momento decidi sempre continuar por mim e pela minha família e pela pessoas que estavam comigo, porque, mesmo que demorasse e mesmo que eu não atingisse a totalidade dos meus sonhos, meus filhos nunca iriam encontrar um desistente, pois nos meus últimos dias eu ia ter dado o exemplo de nunca ter desistido dos meus sonhos não importa o tamanho dos obstáculos. Essa lição é mais importante do que qualquer herança material que podemos deixar. Em um mundo cheio de incertezas, no qual 65% dos jovens irão trabalhar em empregos que ainda não existem, temos a certeza de que o consumo nunca acaba e de que na era da inteligência artificial e dos robôs saber a arte de liderar, motivar, influenciar e ter um negócio em que a regra é se dedicar ao próximo será fundamental para continuarmos prósperos, e, se você quer saber como se mede o sucesso de um líder, pode se valer da mesma regra para medir o sucesso de um pai, ou seja, pela quantidade de vezes que seus filhos o ultrapassam. Por isso se esforce como pessoa, como empreendedor e como líder para que seus liderados sejam no mínimo dez vezes melhor do que você!

No mundo, há um grupo de pessoas que vive no limite; elas possuem a habilidade de avaliar os riscos e focar na recompensa, elas percebem que a recompensa vale o risco, podem fracassar durante o percurso, reconhecem os riscos, mas estão tentando fazer algo que poucos fizeram até hoje. Será que você faz parte deste grupo?

Glossário

A seguir, encontre o significado de diversos termos citados no livro. A partir de agora, você irá se deparar muito com eles no seu dia a dia.

***BackOffice*:** Administrativo on-line com acesso restrito, em que ficam armazenadas todas as informações do seu negócio referentes ao seu desenvolvimento na empresa.

Célula: Local de encontro de várias lideranças e equipes.

Down line: Pessoas que fazem parte da sua rede e que entraram depois de você.

***Open* ou RA:** Reunião Aberta, à qual as equipes levam seus convidados para conhecer a oportunidade de negócio.

***Pick-up list*:** Lista de acompanhamento de fechamento de contrato.

***Prospect*:** Pessoas a serem convidadas para conhecer o seu negócio.

Como eu, existem milhões de pessoas à espera de uma oportunidade por intermédio de alguém treinado, comprometido, com um propósito, que se importe com os outros e tenha uma empresa que seja igualmente séria.

Glossário

Sobre os autores

Luiz Francisco foi CEO de uma das maiores empresas brasileiras de Marketing Multinível, fundada em 2001. Por meio de seus líderes, recrutou Gildevan Ribeiro e Abdias Andrade, os quais iniciaram suas carreiras no MMN em 2003.

Os três formaram, desde então, uma grande parceria que dura mais de quinze anos, entre sucessos e fracassos. Neste livro, eles decidiram unir suas experiências e fortalecer a indústria do Marketing Multinível.

8 HÁBITOS de SUCESSO

Método sem Limites

I • AM
RAINMAKER

www.cursosemlimites.com.br
contato@therainmakers.academy
@luizfrancisco
@gildevanribeiro
@abdiasandrade

FONTE: Merriweather

#Figurati nas redes sociais

novo século®
www.gruponovoseculo.com.br